読んでみよう 韓国語

中級読解コース

金京子 著

この教科書の音源は白水社ホームページ（http://www.hakusuisha.co.jp/download/）からダウンロードすることができます（お問い合わせ先：text@hakusuisha.co.jp）。

イラスト
ツダタバサ

本文デザイン・装丁
株式会社アイ・ビーンズ

音声吹込
元順暎、朴天弘

はじめに

『読んでみよう韓国語　中級読解コース』は，大学や市民講座などでもっと読解力をつけたい，長い文章を読んでみたいという学習者の要望に応えるために執筆したものです。初級（ハングル能力検定５級くらい）レベルを終えた２年生以上の韓国語中級クラスで無理なく取り組むことができるように，文法や語彙などの難易度を調整してあります。約 1200 語の単語をもとに，ハングル能力検定４級・３級の文法を取り入れ，学習した文法や語彙を繰り返して提示することによって中級へとステップアップできるのが，このテキストの特長です。

本書は，大学などでの週１回の授業で前期・後期の１年間でマスターすることができます。第１課から第 14 課まで学習者にとって身近な話題を取り上げ，学校生活やアルバイト，私の一日，プレゼント，風邪，休日，夏休み，趣味，大学祭，仕事，日記，外国語の勉強，天気，人生相談などのテーマを，メールやブログ，コラムの形式で構成しています。メールと言っても先生に送るもの，日本人と韓国人とのやり取り，親戚のおばと甥・姪とのやり取り，中学時代の友人どうしのやり取りなどはそれぞれ文体が異なります。本書ではその違いが分かるように，初級で学んだ丁寧体の합니다体と해요体に加えて，非丁寧体の해体と한다体を学び，さまざまな場面で応用できるようにしました。

読解の勉強では，まず韓国語のまとまった文章を読んで理解するのが第一の課題ですが，ただ日本語に訳すだけでなく，学習した韓国語の表現を応用して「自分の言いたいことを韓国語で表現する」ことも目標としています。そのために前期（第３課・第６課）と後期（第９課・第 12 課）に２回ずつ作文して発表する課題を設けています。このような作業を通じてみなさんの韓国語の表現力はぐんと伸びるでしょう。

最後に，本書は大学の「韓国語 中級読解」の授業で使っていたものを修正し，改良を加えたものです。見落としがちな点をチェックしてくださった金允京（キム・ユンギョン）さん，尹眞姫（ユン・ヂニ）さん，藤井たけしさん，神農朋子さんに，この場を借りて感謝申し上げます。

このテキストが，中級クラスのみなさんの学習に役に立つことを願ってやみません。

著者

目次

もっと知りたい！

付録

学習者のみなさんへ

まず音声をダウンロードしましょう。

00 のマークのついた箇所の音声は以下のサイトから

ダウンロードして聞くことができます。

http//www.hakusuisha.co.jp/ISBN9784560017937.html

予習を心がけましょう。

外国語の学習法はいろいろありますが，授業の前に文法のポイントに目を通し，単語と表現を覚えておくことをお勧めします。

本文は声に出して読みながら日本語の意味も同時に考えてみましょう。

知らない単語があれば巻末の単語集を参照してください。

気に入った表現や使ってみたいフレーズを丸ごと覚えましょう。

丸ごと覚えて口に出してみることが表現力アップにつながります。

本書の構成と使い方

- 本書は，ハングル能力検定試験4級・3級の文法や単語をベースに14課で構成されています。
- 各課は6ページで構成されています。
  - 1・3ページ：タイトル，学習目標，本文，単語と表現，読解力 check！
  - 2・4ページ：文法のポイント，例文
  - 5・6ページ：練習コーナー
- 単語と表現の見方は次の通りです。

＿＿（下線）	日本語と同じ漢字語	例 연구실 研究室 (p.8)
〔　〕	日本語と異なる漢字語	例 근처〔近処〕 近く，近所 (p.16)
[　]	発音を示す（連音化は除く）	例 국제 [-쩨] 国際 (p.8)
(하)	하다動詞を示す	例 연락 [열-](하) 連絡 (p.10)
〈　〉	変則用言を示す	例 어렵다〈ㅂ〉 難しい (p.10)

- 発音のルールや変則用言，漢字音など，学習に役立つ「もっと知りたい！」というコーナーを設けてあります。
- 巻末には数字と時刻，連語リストのほか，付録として文法索引と本書に出るすべての単語（約1200語）の単語集（韓国語→日本語）を収録しています。

助詞を確認しましょう

	～は	～を	～が	～へ	～で（手段）	～として（資格）	～と
パッチム無	는	를	가	로*1	로*1	로*1	와·랑*2
パッチム有	은	을	이	으로	으로	으로	과·이랑*2

*1 ㄹ体言にも로がつく。 例 서울로 ソウルへ　　전철로 電車で

*2 -와/과は書き言葉で, -하고は話し言葉で, -(이)랑はもっともくだけた場面で使われる。

～と	하고*2
～も	도
～に	에
～に（人・動物）	에게/한테*3
～に（尊敬）	께
～が（尊敬）	께서
～で（場所）	에서/서*4
～から（起点）	에서/서*4
～から（時・順序）	부터
～から（人）	에게서/한테서*3
～まで（に）	까지
～より（比較）	보다
～だけ	만
～の	의
～のように	처럼
～のように	같이
～しか（ない）	밖에

*3 -에게/에게서は書き言葉で, -한테/한테서は話し言葉で使われる。

*4 -서は여기·거기·저기·어디のあとで使われる。

※間違いやすい助詞

- ▶～になる　-가/이 되다 (⇒22頁)
- ▶～にする　-(으)로 하다
- ▶～に乗る　-를/을 타다
- ▶～に会う　-를/을 만나다
- ▶～が好きだ　-를/을 좋아하다
- ▶～が嫌いだ　-를/을 싫어하다
- ▶～が上手だ　-를/을 잘하다
- ▶～が下手だ　-를/을 못하다
- ▶～ができる　-를/을 할 수 있다 (⇒55頁)
- ▶～ができない　-를/을 할 수 없다 (⇒55頁)
- ▶～(し)に行く　-를/을 가다 (⇒23頁)
- ▶～を思い出す　-가/이 생각나다 (⇒30頁)

第1課 学校生活

学習目標： 質問したり根拠を述べることができる。用件を伝える。
「～けれど」「～して」「～んです」「～しようと」の表現を使ってみる。

亮太がゼミの先生に書いたメールです。

선생님, 안녕하세요?

국제문화학과 2학년 후지이 료타입니다.

오늘 선생님 연구실에 갔지만 선생님이 안 계셨어요.

그룹 발표에 대해서 질문이 있습니다.

이번에 유리와 제가 같이 자료를 찾고 발표문을 만들었습니다.

발표는 유리가 할 예정입니다.

분량은 A4 6장 정도가 맞습니까?

발표문은 하루 전에 선생님께 보내겠습니다.

죄송합니다만 답장을 부탁드립니다.

単語と表現

03

- □ 국제[-쩨] 国際
- □ 학과[-꽈] 学科
- □ 안 계시다 いらっしゃらない
- □ -에 대해서 ～について，～に対して
- □ 자료 資料
- □ -ㄹ/을 예정이다 ～する予定だ
- □ 맞다[맏따] 合う，合っている
- □ 전(⇔후) 前（⇔後）
- □ 죄송합니다만 申し訳ありませんが
- □ 문화[-놔] 文化
- □ 연구실 研究室
- □ 그룹 발표 グループ発表
- □ 질문(하) 質問
- □ 발표문〔発表文〕 レジュメ
- □ 분량[불-] 分量
- □ 하루 一日
- □ -께 ～に（尊敬，助詞）
- □ 답장[-짱]〔答状〕 返信

「単語と表現」を参考に，日本語に訳しましょう。
また，声に出して何回も読んでみましょう。

POINT 1-1 -지만 ～けれど、～が (しかし) (逆接)

逆接をあらわす接続語尾。

(　　　) に -(았/었)지만の形を書き入れてみましょう。

語幹 + 지만	마시다	飲む	→ (　　　　　　)
	없다	ない、いない	→ (　　　　　　)
語幹 (았/었) + 지만	들다	(お金が) かかる	→ (　　　　　　)
	만들다	作る	→ (　　　　　　)

콜라는 마시지만 홍차는 안 마셔요.

남자(여자) 친구는 없지만 그냥 친구는 많아요.

돈은 많이 들었지만 괜찮아요.

발표문을 만들었지만 안 가지고 왔어요.

POINT 1-2 -고 ～(し)て、～くて、～し (並列、順序)

並列や順序をあらわす接続語尾。

(　　　) に -(았/었)고の形を書き入れてみましょう。

語幹 + 고	이다	～である	→ (　　　　　　)
	졸업하다	卒業する	→ (　　　　　　)
語幹 (았/었) + 고	먹다	食べる	→ (　　　　　　)
	가다	行く	→ (　　　　　　)

저는 대학생이고 19살이에요. (並列)

대학을 졸업하고 대학원에 가고 싶어요. (順序)

밥도 많이 먹었고 술도 많이 마셨어요. (並列)

어머니는 회사에 갔고 동생은 학교에 갔어요. (並列)

PLUS ＋ ONE

-고 싶다 ～したい 例 한국에 가고 싶어요.

-고 있다 ～している (進行) 例 밥을 먹고 있어요.

-고 가다/오다 ～して (それから) 行く / 来る 例 밥을 먹고 왔어요.

メールを読む ② ユリが友人の민수に送ったメールです。

민수 씨, 유리예요.

다음 주에 발표 끝나고 시간 있어요?

제가 이번 학기에 한국어 회화 수업을 듣고 있거든요.

발음이 좀 어렵지만 수업은 재미있어요.

시간이 있을 때 한자 발음을 좀 가르쳐 줘요.

저는 올해 한국어능력시험을 보려고 해요.

그리고 여름방학에 한국에도 가려고 생각하고 있어요.

고등학생 때부터 한국에 가 보고 싶었거든요.

그럼 연락 주세요.

単語と表現

05

- □ 학기[-끼] 学期
- □ 수업을 듣다〈ㄷ〉 授業を受ける
- □ 어렵다[--따]〈ㅂ〉 難しい
- □ -ㄹ/을 때 ～する時
- □ 좀 ちょっと
- □ 올해 今年
- □ 시험을 보다 試験を受ける
- □ 가 보다 行ってみる
- □ 그럼 (それ)では，じゃ
- □ 회화 会話
- □ 발음 発音
- □ 재미있다[--읻따] 面白い，楽しい
- □ 한자[-짜] 漢字
- □ -아/어 줘요 ～してください (⇒25頁)
- □ 능력[-녁] 能力
- □ 여름방학〔--放学〕(学校の)夏休み
- □ 생각하다[-가카-] 考える，思う
- □ 연락[열-](하) 連絡

「単語と表現」を参考に，日本語に訳しましょう。
また，声に出して何回も読んでみましょう。

読解力 Check!

1) 유리는 이번 학기에 무슨 수업을 듣고 있어요?

2) 유리는 올해 무슨 시험을 보려고 해요?

3) 유리는 언제 한국에 가려고 해요?

4) 유리는 언제부터 한국에 가고 싶었어요?

POINT 1-3 -거든요 ～んです、～んですから (根拠や状況の説明)

根拠や状況などの説明に用いる表現。話の導入で「～なんだ（だから）」と話し手の考えや状況を説明したり，質問に対して理由や根拠などを説明する時に用います。**거든요**の発音は**ㄴ**の挿入（⇒ 21 頁）により，［**거든뇨**］になります。

（　　　）に**-(았/었)거든요**の形を書き入れてみましょう。

語幹＋**거든요**	**끝나다**	終わる	→（　　　　　　）
	듣다	聞く、（授業を）受ける	→（　　　　　　）
語幹 **(았/었)**＋**거든요**	**싸우다**	けんかする	→（　　　　　　）
	지다	負ける	→（　　　　　　）

내일 시험이 끝나거든요. 모레 시간 있어요?

한국어 회화를 듣고 있거든요. 정말 재미있어요.

A : 무슨 일이 있어요?　　B : 동생하고 싸웠거든요.

A : 왜 싸웠어요?　　B : 어제 시합에서 졌거든요.

POINT 1-4 -(으)려고 ～しようと (意図、計画)

意図や計画などをあらわす接続語尾。**-(으)려고 하다/생각하다**は「～しようとする / 思う」という意味の慣用表現です。

（　　　）に**-려고/으려고**の形を書き入れてみましょう。

母音語幹＋**려고**	**이기다**	勝つ	→（　　　　　　）
ㄹ語幹＋**려고**	**걸다**	（電話を）かける	→（　　　　　　）
子音語幹＋**으려고**	**있다**	ある，いる，居る	→（　　　　　　）

다음 시합에서는 이기려고 해요.

전화를 걸려고 생각하고 있었거든요.

내일은 집에 있으려고 해요.

PLUS＋ONE

-(으)려고요(?)　～しようと思いまして，～しようと思っています（か）

例　A : 내일은 뭐해요?　　B : 그냥 집에 있으려고요.

A : 혼자서 살려고요?　　B : 네. 혼자 살고 싶어요.

練習コーナー

1-1 -고を用いて一つの文にして，日本語に訳しましょう。

例 밥을 먹다 / 학교에 가다
➡ 밥을 먹고 학교에 가요. (ご飯を食べて学校に行きます)

① 나는 대학생이다 / 19살이다 (並列)
➡

② 운동도 잘하다 / 게임도 좋아하다 (並列)
➡

③ 자료를 찾다 / 전화를 하다 (順序)
➡

④ 저녁밥을 먹다 / 텔레비전을 보다 (順序)
➡

1-2 「～して～しようとしたが～でした」という文を作ってみましょう。

例 밥을 먹다 / 학교에 가다 / 밥이 없다
➡ 밥을 먹고 학교에 가려고 했지만 밥이 없었어요.

① 숙제하다 / 자다 / 교과서가 없다
➡

② 발표하다 / 자리에 앉다 / 질문이 많다
➡

③ 돈을 찾다 / 화장실에 가다 / 시간이 없다
➡

④ 점심을 먹다 / 돈을 내다 / 지갑이 없다
➡

1-3 -거든요を用いて対話を完成させ，発音してみましょう。 06

例 A：학교에 안 가요? (수업이 없다)
B：오늘은 수업이 없거든요.

① A：도서관에 안 가요? (아르바이트가 있다)
B：오후에＿＿＿＿＿＿＿＿＿＿＿＿.

② A：과자 안 먹어요? (좀 전에 먹었다)
B：＿＿＿＿＿＿＿＿＿＿＿＿.

③ A：같이 게임 안 해요? (숙제가 있다)
B：한국어＿＿＿＿＿＿＿＿＿＿＿＿.

絵を見て,「今年は～しようと思います」という計画を言ってみましょう。
また, その根拠も言ってみましょう。

① 아르바이트를 하다
돈이 없다

② 게임을 만들다
게임을 좋아하다

③ 한국에 가다
친구가 한국에 살다

④ 소설을 많이 읽다
소설가가 되고 싶다

例 올해는 <   >(으)려고 해요.
<   >거든요.

1-5 二人のやり取りを読んで, 内容と合っていれば○を, 合っていなければ×を付けてください。

료타: 내일 수업 끝나고 시간 있어요?
저녁에 한국 영화를 보려고요.

유리: 내일은 한국어 수업이 6시에 끝나거든요.
몇 시부터예요?

료타: 7시 30분부터예요.
저녁밥을 먹고 영화를 봐요.

유리: 그럼 학교 앞에서 6시 10분에 만나요.
나는 스파게티가 먹고 싶어요.

료타: 오케이.

① (   ) 한국어 수업은 7시 30분에 끝납니다.
② (   ) 한국 영화는 6시에 시작됩니다.
③ (   ) 두 사람은 저녁에 스파게티를 먹으려고 합니다.
④ (   ) 두 사람은 저녁을 먹고 영화를 보려고 합니다.

第2課 アルバイト

学習目標：理由を説明する。用件を伝える。約束する。
「～ので」「～せいで」「～することにする」「～できない」の表現を使ってみる。

民수は翻訳のアルバイトで忙しかったそうです。

유리 씨, 민수예요.

메일 잘 받았어요. 답장이 늦어서 미안해요.

번역 아르바이트 때문에 며칠 정신이 없었거든요.

조금 전에 번역을 다 해서 보냈어요.

유리 씨는 알바 어떻게 됐어요? 면접은 잘 봤어요?

저는 다음 주 금요일이나 토요일이라면 시간이 있어요.

저도 마침 리포트 때문에 질문이 있거든요.

금요일 수업 끝나고 학교 앞 카페에서 볼까요?

아니면 토요일에 제가 유리 씨 집으로 갈까요?

単語と表現

08

- □ (이)메일 (E) メール
- □ 받다[-따] もらう，受け取る
- □ 늦다[늗따] 遅れる，遅い
- □ 번역(하) 翻訳
- □ 며칠 数日，何日
- □ 정신이 없다 とても忙しい、無我夢中だ
- □ 조금 전 少し前
- □ 다 すべて，全部
- □ 알바(=아르바이트) アルバイト
- □ 어떻게[-떠케] どのように
- □ 면접을 보다 面接を受ける
- □ -(이)나 ～や (⇒25頁)
- □ -(이)라면 ～なら (⇒39頁)
- □ 마침 ちょうど
- □ 리포트 レポート
- □ 보다 見る，会う
- □ 아니면 それとも
- □ -ㄹ/을까요? ～しましょうか？

金曜日？
土曜日？

「単語と表現」を参考に，日本語に訳しましょう。
また，声に出して何回も読んでみましょう。

POINT 2-1 －아/어서 ～ので、～くて、～して （理由・前提動作）

客観的な理由や前提動作をあらわす接続語尾。なお，－아/어서は過去形とは結合しないので，「～したので」も－아/어서で表現します。(－았/었어서は間違いです！)

(　　　)に－아서/어서/해서や여서/이어서の形を書き入れてみましょう。

陽母音（ㅏ, ㅗ）語幹＋아서 陰母音（ㅏ, ㅗ以外）語幹＋어서	보다	見る，（試験を）受ける	→ (　　　　　　　　)
	없다	ない，いない	→ (　　　　　　　　)
하다用言　하＋여 → 해서	번역하다	翻訳する	→ (　　　　　　　　)
★母音体言＋여서 ★子音体言＋이어서	휴가	休暇	→ (　　　　　　　　)
	휴일	休日	→ (　　　　　　　　)

시험을 봐서 붙었어요. (前提動作)

오늘은 시간이 없어서 내일 하려고요. (理由)

내일 번역해서 보내려고요. (前提動作)

휴가여서 한국에 가려고요. (理由)

휴일이어서 집에 있으려고요. (理由)

☞ 体言には－여서/이어서のほか、－(이)라서の形もあります。

例 휴가라서 한국에 가려고요.　　휴일이라서 집에 있으려고요.

POINT 2-2 때문에 ～のせいで、～のことで、～のために （理由）

体言と共に使われる理由を表す表現。体言のあとは一文字空けて分かち書きをします。

(　　　)に때문에の形を書き入れてみましょう。

体言＋때문에	시험	試験	→ 시험 (　　　　　　)
	리포트	レポート	→ 리포트 (　　　　　　)
	일	仕事，用事	→ 일 (　　　　　　)

시험 때문에 좀 바쁘거든요. 다음 주에 만나요.

리포트 때문에 늦었어요. 미안해요.

회사 일 때문에 전화했어요.

☞ 目的をあらわす－를/을 위해(서)と間違わないようにしましょう。

例 건배! 건강을 위해! 乾杯！健康のために！

メールを読む ②　ユリもアルバイトが決まったそうです。

민수 씨, 안녕하세요? 유리예요.

사실 편의점 아르바이트는 면접에서 떨어졌어요.

그리고 어저께 다른 인터넷 게임 회사에 가서 면접을 봤어요.

결과는 합격! (^-^) 여러 가지로 도와줘서 정말 고마워요.

일은 오전 9시부터 12시까지 일주일에 세 번 하**기로 했어요**.

면접 준비 때문에 이틀 잠을 잘 **못** 잤어요.

그래서 오늘 수업에 가**지 못했어요**. ㅠㅠ

전 다음 주 금요일에는 좀 일이 있어요.

토요일 2시쯤 우리 집 근처 책방에서 볼까요?

単語と表現

□ 사실〔事実〕 実は，実際
□ 어저께(=어제) 昨日
□ 인터넷 インターネット
□ 결과 結果
□ 여러 가지(로) いろいろ（と）
□ 일 仕事，用事
□ 준비(하) 準備
□ 잠을 자다 寝る，眠る
□ 근처〔近処〕 近く，近所
□ 떨어지다 落ちる
□ 다른 ほかの，別の（＋名詞）
□ 게임 ゲーム
□ 합격(하) [-껵] 合格
□ 도와주다 手伝う，助ける
□ 일주일 [-쭈-] 1週間
□ 이틀 二日，二日間
□ 그래서 それで
□ 책방 [-빵] 本屋

単語と表現を参考に，日本語に訳してみましょう。
また，声に出して何回も読んでみましょう。

読解力 Check!

1) 유리는 어디에 가서 면접을 봤어요?
2) 게임 회사의 면접 결과는 어땠어요?
3) 유리는 오늘 왜 수업에 못 갔어요?
4) 유리와 민수는 언제 만나기로 했어요?

POINT 2-3 -기로 하다 ～することにする (決心)

決心などをあらわす慣用表現。

(　　　)に -기로 하다の形を書き入れてみましょう。

語幹＋기로 하다	출발하다	出発する	→( )
	도와주다	手伝う，助ける	→( )
	짓다	(家を)建てる	→( )

내일 좀 일찍 출발하기로 했어요.

친구의 번역 일을 도와주기로 했어요?

내년에 집을 짓기로 했습니다.

POINT 2-4 못/-지 못하다 ～できない，～られない (不可能)

動詞の前に못をおくか，動詞の語幹に -지 못하다をつけると，「～(することが)できない」「～することが下手だ」という不可能の表現になります。-지のあとは一文字空けて分かち書きをします。

(　　　)に못や -지 못해요の形を書き入れてみましょう。

못＋動 / 動 語幹＋지 못하다	잊다	忘れる	→( ) 잊어요
	기다리다	待つ	→( ) 기다립니다
	만나다	会う	→( )
	설명하다	説明する	→( )

그때 면접은 못 잊어요. [몬니저요 ⇒ 21頁] / 잊지 못해요.

일이 있어서 못 기다립니다. / 기다리지 못합니다.

내일은 아르바이트가 있어서 못 만나요. / 만나지 못해요.

이유는 설명 못 했어요. / 설명하지 못했어요.

☞ 하다動詞(名詞＋하다)の場合は，名詞と하다の間に못を入れます。

例 숙제하다(宿題する)：○숙제 못 해요　×못 숙제해요

なお，못はそれに続く動詞と一気に発音されるため，発音の変化が起こります(⇒ 19 頁)。

例 못 가요 [몬까요]　못해요 [모태요]　못 먹어요 [몬머거요]　못 와요 [모돠요]

練習コーナー

2-1 -아/어서を用いて一つの文にして，日本語に訳しましょう。

例 7시에 일어나다 / 아침을 먹다
➡ 7시에 일어나서 아침을 먹었어요. （7時に起きて朝ごはんを食べました）

① 집을 나가다 / 버스를 타다
➡

② 회사에 출근하다 / 6시까지 일하다
➡

③ 모자를 벗다 / 책상 위에 두다
➡

④ 면접을 보다 / 합격하다
➡

2-2 「～しようとしたが～くて～できませんでした」という文を作ってみましょう。

例 밥을 먹다 / 시간이 없다 / 못 먹다
➡ 밥을 먹으려고 했지만 시간이 없어서 못 먹었어요.

① 잠을 자다 / 발표가 있다 / 못 자다
➡

② 신발을 사다 / 돈이 모자라다 / 못 사다
➡

③ 연락을 하다 / 정신이 없다 / 못 하다
➡

④ 8시 전철을 타다 / 늦잠을 자다 / 못 타다
➡

2-3 -기로 했어요を用いて対話を完成させ，発音してみましょう。 11

例 A：내년에 유학 가요?
B：네. 졸업하고 유학을 가기로 했어요.

① A：벌써 일어났어요?
B：이제부터 일찍 자고 일찍 ＿＿＿＿＿＿＿＿＿＿.

② A：술 안 마셔요?
B：몸이 안 좋아서 술은 안 ＿＿＿＿＿＿＿＿＿＿.

③ A：아르바이트는 언제 면접을 봐요?
B：내일 면접을 ＿＿＿＿＿＿＿＿＿＿.

2-4 下線部の発音を［　　］に書き入れてみましょう。また，日本語に訳しましょう。

例 리포트 때문에 밥을 못 먹었어요. [몬머거써요]

➡ レポートのせいでご飯を食べれられませんでした。

① 영어 시험 때문에 잠을 못 잤어요. [　　　　　　]

➡

② 아르바이트 때문에 숙제를 못 했어요. [　　　　　　]

➡

③ 발표 때문에 친구를 못 만났어요. [　　　　　　]

➡

못	+ㄱ/ㄷ/ㅂ/ㅈ	→濃音化	例 못 가요 [몯까요]
	+ㄴ/ㅁ	→鼻音化	例 못 마셔요 [몬마셔요]
	+이/야/여/요/유	→ㄴの挿入による鼻音化＊	例 못 열어요 [몬녀러요]
	+ㅎ	→激音化	例 못 해요 [모태요]
	+아/어/오/우…	→連音化	例 못 와요 [모돠요]
	(이/야/여/요/유以外の母音)	＊ㄴの挿入については ⇒21頁	

2-5 二人のやり取りを読んで，内容と合っていれば○を，合っていなければ×を付けてください。

료타: 아르바이트 찾았어요?
아침 6시부터 10시까지, 호텔 아르바이트가 있어요.

유리: 나는 아침에 못 일어나서 아침 아르바이트는 못 해요.

료타: 학교 앞 카페에서 월, 수, 금, 일주일에 세 번
오후에 아르바이트하기로 했어요.

유리: 아, 내 친구도 거기서 아르바이트하고 있어요.

① (　　　　) 료타는 아침 6시부터 호텔에서 아르바이트하고 있어요.

② (　　　　) 료타의 친구도 호텔에서 아르바이트하고 있어요.

③ (　　　　) 유리는 아침에 일찍 못 일어나서 아르바이트를 못 해요.

④ (　　　　) 유리는 카페에서 일주일에 두 번 아르바이트하기로 했어요.

もっと知りたい！ 発音のルール

1. パッチムによる音の変化（網は音の変化を示す）

パッチム	初声	音の変化	例
ㄴ ㄹ ㅁ ㅇ*	ㅇ	連音化	눈이[누니]
	ㄱ ㄷ ㅂ ㅈ	有声音化	감자[カムジャ]
	ㅎ	ㅎの弱化と連音化	전화[전와→저놔]
ㄱ ㄷ ㅂ**	ㅇ	連音化と有声音化	책이[채기]　밥이[바비]
	ㄱ ㄷ ㅂ ㅅ ㅈ	濃音化	학교[학꾜]　있다[읻따]　입구[입꾸]
	ㅎ	激音化	각하[가카]　밥하고[바파고]
	ㄴ ㅁ	鼻音化	국민[궁민]　몇 명[면명]
ㅎ	ㅇ	ㅎが落ちる	좋아[조아]　싫어[시러]
	ㄱ ㄷ ㅈ	激音化	좋고[조코]　놓다[노타]　놓자[노차]
	ㄴ ㅁ	鼻音化	놓는[논는]
	ㅅ	濃音化	좋습니다[조씀니다]

*「ㅇ」パッチムは連音化せずにそのまま発音され、鼻濁音になります。　例 방이[방이] cf. 박이[바기]

** ㄱ [k]：ㄱ・ㅋ・ㄺ　　ㄷ [t]：ㄷ・ㅅ・ㅈ・ㅆ・ㅌ・ㅊ　　ㅂ [p]：ㅂ・ㅄ

2. ㄹの鼻音化とㄹによる流音化

パッチムの後のㄹは，ㄹの前にㄹ・ㄴ以外のパッチムがあると，[ㄴ]と発音されます。また，[ㄴ]と発音されることにより，鼻音化が起こります。

パッチム	初声	パッチム	初声	例
ㄱ	ㄹ	[ㅇ]	[ㄴ]	독립[동닙]
ㄷ ㅌ ㅅ ㅊ ㅎ		[ㄴ]		몇 리[면니]
ㅂ		[ㅁ]		법률[범뉼]
ㅁ		ㅁ		음료수[음뇨수]
ㅇ		ㅇ		종류[종뉴]
ㄹ		ㄹ	ㄹ	올래[올래] 変化なし
ㄴ		[ㄹ]	ㄹ	진리[질리]*

* 流音化は「ㄴ+ㄹ」のほか「ㄹ+ㄴ」も「ㄹ+ㄹ」に変化します。　例 설날[설랄]

3．例外的な濃音化

・合成語においての濃音化

例 손가락(손+가락)[손까락] 指　　물고기(물+고기)[물꼬기] (泳いでいる) 魚

・子音語幹の用言における濃音化

例 신다[신따] (くつを) はく　　남고[남꼬] 残って

・漢字語においての特殊な濃音化

例 한자[한짜] 漢字　　출신[출씬] 出身

・未来連体形 (ㄹ/을) に続く平音の濃音化

例 갈 거예요[갈꺼에요] 行くつもりです　　올 사람[올싸람] 来る人

4．ㄴの挿入

パッチムで終わる単語に이/야/여/요/유がつづくと，「ㅇ」のところに「ㄴ」が挿入され，[니/냐/녀/뇨/뉴]と発音されます。(「ㄴ」の挿入による鼻音化・流音化に注意！)

・合成語や派生語

例 집안일(집안+일)[지반닐] 家事　　서울역(서울+역)[서울녁 → 서울력] ソウル駅

십육(십+육)[십뉵 → 심뉵] 16

・二つの単語を一気に発音する時

例 한국 영화[한국녕화 → 한궁녕화] 韓国映画

못 읽어요[몯닐거요 → 몬닐거요] 読めません

・終結語尾の「요」がつく時

例 거든요(거든+요)[거든뇨] (⇒11頁)

정말요(정말+요)[정말뇨 → 정말료]

練習 正しい発音を選んでみましょう。

1) 갈 사람	(　　　)	① 갈싸람	② 가싸람	③ 갑싸람
2) 한국 요리	(　　　)	① 한구뇨리	② 한궁뇨리	③ 한군뇨리
3) 없거든요	(　　　)	① 업거드뇨	② 업꺼드뇨	③ 업꺼든뇨
4) 분량	(　　　)	① 불량	② 분냥	③ 불냥
5) 능력	(　　　)	① 늘력	② 능녁	③ 는녁

(答えは⇒ 49 頁)

第3課 私の一日

学習目標：「私の一日」について書いて，発表する。
「〜すれば」「〜(し)に」「〜してあげる/くれる」の表現を使ってみる。

A さんが書いた「私の一日」です。

저는 수요일이 제일 바쁩니다.

1교시 수업이 있어서 아침 일찍 일어나요.

1교시 선생님은 9시 정각에 출석을 부르십니다.

그래서 지각하지 않으려고 8시쯤 집을 나서요.

2교시가 끝나면 점심을 먹고 바로 아르바이트를 하러 가요.

근처 꽃집에서 오후 1시부터 4시까지 일주일에 두 번 일해요.

일이 끝나면 다시 학교로 와요. 독서 모임이 있거든요.

독서 모임이 끝나고 시간이 있으면 복습과 예습도 해요.

집에 와서 저녁 먹고 한국어 유튜브를 보면 금방 12시가 돼요.

単語と表現

13

- □ 제일〔第一〕 一番，最高
- □ 일찍　早く
- □ 출석[썩]을 부르다　出席を取る
- □ 나서다　(外・前へ)出る
- □ 바로　すぐ(に)，直ちに
- □ 다시　再び，また
- □ 모임　集まり
- □ 예습(하)　予習
- □ 금방　すぐ，間もなく
- □ -교시〔教時〕 〜(時)限目
- □ 정각〔正刻〕 ちょうど
- □ 지각(하)　遅刻
- □ 점심〔点心〕 昼食，昼ご飯
- □ 꽃집[꼳찝]　花屋
- □ 독서[-써]　読書
- □ 복습(하)[-씁]　復習
- □ 유튜브　YouTube，ユーチューブ
- □ -가/이 되다　〜になる

「単語と表現」を参考に，日本語に訳しましょう。
また，声に出して何回も読んでみましょう。

POINT 3-1 -(으)면 ～すれば，(もし)～したら，～(する)と (仮定)

「～すれば」「(もし)～したら」という仮定を表す接続語尾。名詞には **-(이)라면**がつきます(⇒ 39 頁)。
(　　　　)に **-면/으면**の形を書き入れてみましょう。

母音語幹＋면	**모르다**	わからない，知らない	→(　　　　　　　　)
ㄹ語幹＋면	**알다**	わかる，知る	→(　　　　　　　　)
子音語幹＋으면	**먹지 않다**	食べない	→(　　　　　　　　)

단어의 뜻을 모르면 사전을 찾아봐요.

제가 알면 안 돼요?

야채도 먹지 않으면 안 됩니다.

예습이라면 내일 하면 돼요.

PLUS ＋ ONE

-(으)면 되다 「～すればいい」(許可)
-(으)면 안 되다 「～してはいけない」(禁止)
-지 않으면 안 되다 「～しないといけない」(義務)

POINT 3-2 -(으)러 ～(し)に(行く/来る) (目的)

目的を表す接続語尾。主に**가다**(行く)，**오다**(来る)，**다니다**(通う)などの移動動詞と共に用いられます。(　　　　)に **-러/으러**の形を書き入れてみましょう。

母音語幹＋러	**빌리다**	借りる	→(　　　　　　　　)
ㄹ語幹＋러	**놀다**	遊ぶ	→(　　　　　　　　)
子音語幹＋으러	**찾다**	探す，(お金を)おろす	→(　　　　　　　　)

형은 책을 빌리러 도서관에 갔어요.

동생은 놀러 나가서 집에 없어요.

저는 돈을 찾으러 은행에 갔다 왔어요.

☞ 쇼핑(ショッピング)・등산(山登り)・여행(旅行)などの動作名詞のあとには -하러 가다ではなく，-를/을 가다の形が使われます。 例 쇼핑을 갑니다. ショッピングに行きます。

発表文を読む ② Bさんは金曜日が一番忙しいとのことです。

저는 수요일보다 금요일이 바빠요.

4교시 수업 끝나고 매주 영어 회화를 배우거든요.

영어 학원에서는 미국인 선생님이 지도해 주세요.

매번 대화문을 스무 번쯤 읽고 예문을 다 외우지 않으면 안 돼요.

수업할 때 선생님이 단어나 문장의 의미를 물어보면 제가 대답해요.

하지만 선생님의 질문을 잘 알아듣지 못할 때도 많아요.

그러면 선생님이 천천히 다시 말해 주십니다.

학원이 끝나면 7시부터 10시까지 아르바이트를 하고 집에 가요.

집에 가서 씻고 새벽 1시쯤 잡니다.

単語と表現 15

- □ 바빠요(←바쁘다〈으〉)　忙しいです
- □ 매주　毎週
- □ 영어 회화　英会話
- □ 학원　学院，塾，スクール
- □ 지도(하)　指導
- □ 매번〔毎番〕　毎度，毎回
- □ 대화문　対話文
- □ 예문　例文
- □ 외우다　覚える，暗記する
- □ 단어　単語
- □ 문장　文章
- □ 의미(하)　意味
- □ 물어보다　聞いてみる
- □ 대답(하)〔対答〕　返事，答え
- □ 알아듣다〈ㄷ〉　聞き取る，理解する
- □ 그러면　それなら，そうすれば
- □ 씻다[씯따]　洗う，シャワーを浴びる
- □ 새벽　未明，夜明け，明け方

単語と表現を参考に，日本語に訳してみましょう。
また，声に出して何回も読んでみましょう。

読解力 Check!

1) 이 사람은 언제 영어 회화를 배워요?
2) 누구한테 영어를 배워요?
3) 매번 대화문은 몇 번쯤 읽어요?
4) 질문을 알아듣지 못하면 선생님은 어떻게 해요?

POINT 3-3 −아/어 주다　〜してあげる/くれる

日本語の「〜してあげる」「〜してくれる」にあたる表現。目上の人には−아/어 드리다（〜してさしあげる⇒48頁）を使います。

（　　　　）に−아/어/해 주다の形を書き入れてみましょう。

陽母音（ㅏ, ㅗ）語幹＋아 주다
陰母音（ㅏ, ㅗ以外）語幹＋어 주다
하다用言 → 해 주다

깎다	（値段を）負ける	→（　　　　　　　）
적다	書き記す	→（　　　　　　　）
말씀하다	おっしゃる	→（　　　　　　　）

A：좀 깎아 주세요.　　B：1000원 깎아 드렸어요.

A：이름을 적어 드릴까요?　　B：네, 적어 줘요.

천천히 말씀해 주셨어요.

자주 이용해 주세요.

☞ −아/어 주세요は，文脈によって「〜してください」「〜してくださいます」に訳されます。

例 선생님, 문법 좀 가르쳐 주세요.　先生，文法をちょっと教えてください。

선생님이 문법을 가르쳐 주세요.　先生が文法を教えてくださいます。

POINT  −(이)나　〜や，〜でも，〜も　（助詞）

例示（〜や）や列挙（〜でも）などを表す助詞。単位名詞（助数詞）につくと,「〜も」という意味になります。

（　　　　）に−나/이나の形を書き入れてみましょう。

母音体言＋나
ㄹ体言＋이나
子音体言＋이나

① 例示	〜や	단어（　　　　　）	単語や
② 列挙	〜でも	한국말（　　　　　）	韓国語でも
③ 数量	〜も	스무 번（　　　　　）	20回も

단어나 예문을 외웁니다.

한국말이나 영어나 다 잘해요.

스무 번이나 읽지 않으면 안 돼요?

☞「これだけでも」の「でも」は，−(이)라도を用います（⇒87頁）。

例 이것만이라도 부탁해요.　これだけでもお願いします。

練習コーナー

3-1 -(으)면 -아/어 줘요を用いて文を作り，日本語に訳しましょう。

例 일이 있다 / 연락하다

➡ 일이 있으면 연락해 줘요.（用事があれば連絡してください）

① 학생이 찾아가다 / 잘 지도하다

➡

② 내가 질문하다 / 바로 대답하다

➡

③ 만일 관심이 있다 / 전화하다

➡

④ 이해가 안 가다 / 다시 물어보다

➡

3-2 -(으)면 안 돼요を用いて対話を完成させ，発音してみましょう。 16

例 A：내일 만나요.　(약속을 잊다)

B：내일 또 약속을 잊으면 안 돼요.

① A：오늘도 늦게 일어나서 지각했어요.　(지각하다)

B：다음부터는 ＿＿＿＿＿＿＿＿＿＿＿＿.

② A：수요일에 1교시 수업이 있어요?　(수업에 늦다)

B：네. ＿＿＿＿＿＿＿＿＿＿＿＿.

③ A：내일 하루 아르바이트를 쉬면 안 될까요?　(쉬다)

B：일이 많아서 ＿＿＿＿＿＿＿＿＿＿＿＿.

3-3 -(으)시면 돼요を用いて対話を完成させ，発音してみましょう。 17

例 A：뭘 보면 돼요?　(만화, 유튜브)

B：만화나 유튜브를 보시면 돼요.

① A：오늘 뭘 하면 돼요?　(예습, 복습)

B：＿＿＿＿＿＿＿＿＿＿＿＿.

② A：의미를 모를 때 뭘 찾아보면 돼요?　(교과서, 사전)

B：＿＿＿＿＿＿＿＿＿＿＿＿.

③ A：시험 때 뭘 외우면 돼요?　(단어, 예문)

B：＿＿＿＿＿＿＿＿＿＿＿＿.

④ A：머리를 감을 때 뭘 쓰면 돼요?　(샴푸, 비누)

B：＿＿＿＿＿＿＿＿＿＿＿＿.

3-4 助詞 -에を補い, -(으)러 나갔어요を用いて会話の練習をしてみましょう。

① 시장 /
야채를 사다

② 도서관 /
책을 돌려주다

③ USJ /
친구와 놀다

④ 노래방 /
한국 노래를 부르다

例 A：여동생/남동생은 어디 갔어요?
B：〈　　　　　　　　〉에 〈　　　　　　　　　　〉(으)러 나갔어요.

3-5 二人のやり取りを読んで, 内容と合っていれば○を, 合っていなければ×を付けてください。

료타

월요일은 5교시까지 수업이 있어서 바빠요.
화요일 저녁이면 괜찮아요.

유리

저는 화요일 6시나 7시쯤이 좋아요.

그 전에 도서관에 가서
자료를 찾지 않으면 안 되거든요.

료타

알았어요. 그럼 화요일 수업 끝나고 도서관에서 봐요.
꼭 한국인 친구를 소개해 줘요.

① (　　　　　) 료타는 화요일 5교시까지 수업이 있어요.
② (　　　　　) 유리는 화요일에 자료를 찾으려고 해요.
③ (　　　　　) 유리는 화요일 저녁에 시간이 없어요.
④ (　　　　　) 료타는 유리에게 한국인 친구를 소개해 주려고 해요.

3-6 第1課から3課までのポイントを用いて,「私の一日」について書いてみましょう。
また, 発表してみましょう。(7行〜10行ほど)

第4課 プレゼント

学習目標： 感謝の気持ちを伝える。目上の人や目下の人に使う文体の違いがわかる。
「〜でしょ?」「〜じゃないですか」「〜する(?)」「〜ですね」の表現を使ってみる。

甥がおばさんたちに書いたメールです。

이모, 이모부, 건강하시죠?

거기도 벚꽃이 피었지요?

저희는 별일 없이 잘 지내고 있습니다.

지난번에는 동생의 대학 입학식에 와 주셔서 정말 감사합니다.

그동안 좀 바빠서 연락을 못 드렸어요. 죄송해요.

다음 주 30일이 이모와 이모부의 결혼기념일이잖아요.

그래서 저하고 동생하고 돈을 모아서 선물을 준비했어요.

오늘 택배로 보냈어요. 마음에 드시면 좋겠어요.

그럼 안녕히 계세요.

민수 드림

単語と表現

19

- □ 이모 (母方の)おばさん
- □ 이모부〔--夫〕 이모の夫，おじさん
- □ 건강(하) 健康，元気
- □ 벚꽃[벋꼳] 桜
- □ 피다 (花が)咲く
- □ 별일 없이[-리럽씨] 変わりなく
- □ 지내다 過ごす
- □ 입학식[이팍씩] 入学式
- □ 그동안 この間，その間
- □ 바빠서(←바쁘다〈으〉) 忙しくて
- □ 드리다 さしあげる
- □ 결혼기념일 結婚記念日
- □ 모아서(←모으다〈으〉) 貯めて
- □ 선물 プレゼント，お土産
- □ 택배[-빼] 宅配
- □ 마음에 들다 気に入る
- □ 드림(←드리다) 〜拝，〜より
- □ -(으)면 좋겠다 〜したらうれしい (⇒39頁)

「単語と表現」を参考に，日本語に訳しましょう。
また，声に出して何回も読んでみましょう。

POINT 4-1 -지요/죠(?) ～でしょ?、～よ （確認・同意）

確認や同意などを表す表現。-지요の縮約形 -죠もよく使われます。해요体と同様，叙述・疑問・勧誘・命令文で使われます。

(　　　) に-지요や -죠の形を書き入れてみましょう。

語幹＋지요(?) 語幹＋죠(?)	지내다	過ごす	→（　　　　　　　）
	피곤하다	疲れている	→（　　　　　　　）
	끝내다	終える	→（　　　　　　　）
	힘들다	つらい，大変だ	→（　　　　　　　）

오래간만이에요. 잘 지내지요?

회의가 많아서 피곤하지요?

오늘 회의는 좀 일찍 끝내죠.

A : 요즘 어때요?　　B : 일이 많아서 힘들죠.

☞ 尊敬の -(으)시が入った -(으)시지요/-(으)시죠は，「～なさってください，～しましょう」という勧誘や柔らかい命令表現としてよく使われます。

例 이쪽으로 앉으시죠．こちらにお座りください。

선생님도 같이 가시죠．先生もいっしょに行きましょう。

POINT 4-2 -잖아요 ～じゃないですか，～でしょう?

日本語の「～じゃないですか」「～でしょう?」にあたる表現。聞き手が知っていることを前提に，その内容を思い起こす場合に用います。

(　　　) に- 잖아요の形を書き入れてみましょう。

語幹＋잖아요	바쁘다	忙しい	→（　　　　　　　）
	아름답다	美しい	→（　　　　　　　）
	생일이다	誕生日だ	→（　　　　　　　）

오늘은 바쁘잖아요. 그냥 가요.

거기는 꽃이 아름답잖아요.

A : 내일이 무슨 날이에요?　　B : 엄마 생일이잖아요.

☞ 名詞の否定文「～じゃない（＝ではない）」は -가/이 아니다です。

例 내가 아니다．私じゃない。

メールを読む ②　이모（おばさん）から返信が届きました。

민수에게

그저께 선물 잘 받았어. 고맙다!

노란색 넥타이와 빨간색 지갑, 아주 마음에 들어.

나도 이런 빨간색 지갑을 전부터 갖고 싶었거든.

근데 우리 결혼기념일은 어떻게 알았어? 이런 선물은 처음이잖아.

아무튼 이모부도 넥타이를 받고 대단히 좋아하셨어.

너희 집에도 별일 없지? 여기도 이제 벚꽃이 피기 시작했어.

작년에 너희 가족이랑 같이 꽃구경을 갔잖아. 그날이 생각나네.

그럼 잘 지내고 또 연락하자.

単語と表現

21

- □ 그저께(=그제)　一昨日
- □ 빨간색　赤色
- □ 갖고 싶다[갇꼬십따]　ほしい（←持ちたい）
- □ 어떻게[-떠케]　どうやって
- □ 아무튼　とにかく
- □ 좋아하다[조---]　好む，好きだ，喜ぶ
- □ -기 시작하다[-자카-]　～し始める
- □ 꽃구경[꼳꾸-]　花見
- □ -가/이 생각나다　～を思い出す
- □ 노란색　黄色
- □ 이런 지갑　こんな財布
- □ 근데(=그런데)　ところで
- □ 처음　最初，はじめて
- □ 대단히[-다니]　非常に
- □ 이제　いま，もう，今や
- □ -(이)랑　～と（助詞）
- □ 그날　その日，あの日
- □ -자　～しよう（⇒45頁）

単語と表現を参考に，日本語に訳してみましょう。
また，声に出して何回も読んでみましょう。

読解力 Check!

1) 이모는 민수의 선물을 언제 받았어요?
2) 민수의 선물은 뭐였어요?
3) 민수는 이모의 결혼기념일에 매년 선물을 보냈어요?
4) 이모는 작년에 누구랑 꽃구경을 갔어요?

POINT 4-3 -아/어(?) ~する(?) (해体)

해体(⇒ 50 頁)は，해요体から -요を取った形で，반말（パンマル）とも言います。待遇表現をぼやかす言い方です。話し言葉で目下の人や友達，家族など親しい関係で用いられます。해요体と同様，文脈やイントネーションによって叙述（↘）・疑問（↗）・勧誘（→）・命令（↓）を表すことができます。

（　　　）に해体の形を書き入れてみましょう。

陽母音語幹（ㅏ, ㅗ）＋아
陰母音語幹（ㅏ, ㅗ以外）＋어

하다用言　하＋여 → 해

★母音体言＋야
★子音体言＋이야

받다	受け取る，もらう	→（　　　）
웃다	笑う	→（　　　）
좋아하다	好む，好きだ，喜ぶ	→（　　　）
모자	帽子	→（　　　）
안경	メガネ	→（　　　）

노란색 넥타이, 선물이야. 받아.

뭐가 재미있어서 그렇게 웃어?

벚꽃을 그렇게 좋아해?

그건 내 모자야. 이건 누구 지갑이야?

☞ -ㄹ/을까요?, -거든요, -지요, -잖아요などから요を取るとパンマルになります。

POINT 4-4 -네(요) ～(です)ね，～(ます)ね (感嘆・発見)

-네(요)は，話し手が見聞きしたり感じたりして新たな発見がある場合に用います。独り言でもよく使われます。요をつけると해요体になります。ㄹ語幹用言はㄹが消えて-네(요)がつきます。

（　　　）に-네の形を書き入れてみましょう。

語幹＋네(요)
（ㄹ語幹はㄹの脱落）

오다	来る，（雨が）降る	→（　　　）
달다	甘い	→（　　　）
좋다	よい	→（　　　）

（窓の外を見て）　어? 밖에 비가 오네.

（お菓子を食べて）　과자가 너무 다네.

（韓国語を聞いて）　와, 발음이 정말 좋네[존네].

☞ 母音終わりの名詞のあとでは指定詞の語幹이が省略します。　例 오빠(이)네요.

練習コーナー

4-1 -지を用いて対話を完成させ，発音してみましょう。 22

例 A：내일 회사에 (가다 → 가지)?
　B：내일? 일요일이잖아.

① A：내일모레가 무슨 (날이다 →　　　　　　)?
　B：몰랐어? 엄마 생일이잖아.
② A：(어떡하다 →　　　　　　). 잊고 있었네.
　B：엄마 선물은 뭐로 할까?
③ A：글쎄. 양산으로 할까?
　B：양산은 안 (되다 →　　　　　　). 작년에 드렸잖아.
④ A：그럼, 선글라스는 어때?
　B：선글라스 (좋다 →　　　　　　). 선글라스는 없잖아.

4-2 A の質問に，-고 -잖아요 (〜して〜じゃないですか) を用いて答えてみましょう。 23

例 A：어떤 과일이 좋을까? (싸다，맛있다)
　B：귤이 싸고 맛있잖아요.

① A：선물은 뭐가 좋을까?
　B：인형이 ________________________.　(안 비싸다，귀엽다)
② A：어떤 안경이 좋을까?
　B：이 안경이 ____________________________.　(가볍다，디자인도 예쁘다)
③ A：요리는 어떤 요리가 좋을까?
　B：중국요리가 ________________________.　(안 맵다，맛있다)

4-3 下線部のところを해体にして，発音してみましょう。

메일 잘 받았어요. 답장이 늦어서 미안해요.
며칠 번역 아르바이트 때문에 좀 정신이 없었거든요.
아까 번역을 다 해서 한국에 보냈어요.
저는 다음 주 금요일이나 토요일이라면 시간이 있어요.
저도 마침 리포트 때문에 질문이 있었거든요.
금요일 수업 끝나고 학교 앞 카페에서 볼까요?
아니면 토요일에 제가 유리 씨 집으로 갈까요?

☞ 해体では，저や제가ではなく，나や내가が使われます。

4-4 -네を用いて対話を完成させ，発音してみましょう。 24

例 A：이 인형, 정말 귀엽지?
B：어, 정말 귀엽네.

① A：이 식당 분위기 좋지?
B：분위기가 아주 ____________.

② A：작년에 꽃구경을 갔잖아. 생각나지?
B：어, 이제 ____________.

③ A：이 요리 어때? 맛있지?
B：어, 진짜 ____________.

④ A：이 선글라스 어때? 마음에 들지?
B：응, 아주 ____________.

4-5 二人のやり取りを読んで，内容と合っていれば○を，合っていなければ×を付けてください。

수아

언니한테서 생일 선물 받았지?
어때? 마음에 들어?

유리

응. 목걸이가 진짜 예뻐. 사진 보내 줄까?
근데 내일모레 안 바쁘면 나 좀 도와줘.

수아

모레? 한국어 작문 시험이 있잖아. 잊었어?
시험 끝나고 저녁에는 시간 있어.

유리

아, 잊고 있었네. 미안 미안.
그럼 저녁에 우리 집으로 와 주면 좋겠네.

수아

알았어. 그때 목걸이도 보여 줘.

① (　　　) 유리는 생일 선물로 목걸이를 받았어요.
② (　　　) 내일은 한국어 작문 시험이 있어요.
③ (　　　) 유리는 내일 한국어 단어 시험을 잊고 있었어요.
④ (　　　) 수아는 내일모레 유리 집에 갈 예정이에요.

もっと知りたい！　変則用言

ㅅ変則用言

낫다（治る），짓다（［ご飯を］炊く，建てる）など，語幹末にㅅがある用言の一部

ㅅ+아/어，으 ➡ ㅅが消える

ただし，ㅅが消えても母音縮約は起こらない。例 ○나아요　×나요

例 낫다（治る）：나아요，나았어요，나으세요/낫지 않아요（変化なし）

※웃다（笑う），벗다（脱ぐ），씻다（洗う）などは規則用言

ㄷ変則用言

걷다（歩く），듣다（聞く），묻다（尋ねる）など，語幹末にㄷがある用言の一部

ㄷ+아/어，으 ➡ ㄷがㄹになる

例 걷다（歩く）：걸어요，걸었어요，걸으세요/걷지 않아요（変化なし）

※받다（もらう），주고받다（やり取りする），믿다（信じる），얻다（得る）などは規則用言

ㅂ変則用言

덥다（暑い），맵다（辛い），아름답다（美しい）など，語幹末にㅂがある用言のほとんど

ㅂ+아/어，으 ➡ ㅂが우になる

つまり，ㅂ+아/어＝워，ㅂ+으＝우（으は消える）

例 덥다（暑い）：더워요，더웠어요，더우세요?/덥지 않아요（変化なし）

ただし，곱다（美しい），돕다（手伝う）だけはㅂが오になる場合がある。

つまり，ㅂ+아＝와，ㅂ+으＝우（으は消える）

例 곱다（美しい）：고와요，고왔어요，고우세요?/곱지 않아요（変化なし）

※입다（着る），잡다（つかむ），좁다（狭い）などは規則用言

으変則用言

바쁘다（忙しい），예쁘다（きれいだ），쓰다（書く）など，語幹末にㅡがある用言（르を除く）

ㅡ+아/어 ➡ ㅡとㅇが消える

ただし，쓰다の場合は어がつくが，바쁘다，예쁘다の場合は，語幹の前の母音が陽母音（ㅏ，ㅗ）なら아，陰母音（ㅏ，ㅗ以外）なら어がつくので注意しましょう。

例 바쁘다（忙しい）：바빠요，바빴어요/바쁘세요? 바쁘지 않아요（変化なし）

르変則用言

모르다（知らない），흐르다（流れる），다르다（異なる）など，語幹末に르がある用言

르+아/어 ➡ ㄹ라/ㄹ러になる（ㅡとㅇが消えて，その前にㄹが追加）

例 몰라요，몰랐어요/모르세요? 모르지 않아요（変化なし）

※따르다（従う），들르다（立ち寄る）などは으規則用言

変則用言の活用練習

		-아/어요 ～です、ます	-았/었어요 ～でした、ました	-(으)세요(?) ～してください ～でいらっしゃいます(か)	-ㅂ/습니다 ～です、ます
ㅅ変則	짓다 炊く, 建てる	지어요	지었어요	지으세요	짓습니다
	낫다 治る				
ㄷ変則	듣다 聞く				
	묻다 尋ねる				
ㅂ変則	어렵다 難しい				
	쉽다 簡単だ				
	춥다 寒い				
으変則	쓰다 書く				
	예쁘다 きれいだ				
	따르다 従う				
르変則	다르다 異なる				
	흐르다 流れる				
	모르다 分からない				

「ㅇ」で始まる語尾がつく時だけ
変則が起こるんだね。

第5課 風邪

学習目標： 風邪の症状を言う。提案する。友達どうしで使うパンマルがわかる。
「〜く/に，ように」「〜する(？)」「〜しない」や願望の表現を使ってみる。

民수の友人(수아)から風邪をひいてしまったというメールが来ました。

감기는 좀 어때?

나도 며칠 전부터 감기 기운이 있었잖아.

어제저녁에 중국요리를 맛있게 먹고 집에 왔거든.

밤늦게까지 공부하고 새벽 2시쯤 잠자리에 들었지.

근데 밤중에 기침이 계속 나서 잠을 잘 못 잤어.

아침부터 콧물도 나고 머리도 아프고 목도 좀 붓고…. ㅠㅠ

그래서 오늘 학교에 못 갔어. 아침 먹고 병원에 가 보려고.

혹시 내가 모레 독서 모임에 못 가게 되면 친구들한테 잘 전해 줘.

그리고 시간 있을 때 전화 좀 해 줄래? 부탁이 있어서….

単語と表現

26

- □ 감기　かぜ
- □ 기운　気運，気味
- □ 밤늦게 [-늗께]　夜遅く
- □ 잠자[짜]리에 들다　(寝)床につく
- □ 기침이 나다　咳が出る
- □ 콧물 [콘-]　鼻水
- □ 붓다 [붇따] 〈ㅅ〉　腫れる
- □ 혹시 [-씨]　もしかして
- □ 전하다 [저나-]　伝える
- □ 어때?　どう？
- □ 중국요리 [-궁뇨-]　中国料理
- □ 새벽　未明，夜明け，明け方
- □ 밤중 [-쭝]　夜中
- □ 계속 [게-]　続けて，ずっと
- □ 목　のど，首
- □ 가 보다　行ってみる
- □ 모레　明後日
- □ 부탁(하)　頼み，願い

「単語と表現」を参考に，日本語に訳しましょう。
また，声に出して何回も読んでみましょう。

POINT 5-1 -게 ～く/に，～ように　-게 되다 ～ようになる

様態や程度などを表す接続語尾。また，動詞+**게 되다**は「～ようになる/～ことになる」という状況や気持ちの変化を表す慣用表現です。

(　　　　) に **-게**もしくは **-게 되다**の形を書き入れてみましょう。

語幹＋게	즐겁다	楽しい	→(　　　　　　)
	편안하다	無事だ，安らかだ	→(　　　　　　)
動 語幹＋게 되다	결혼하다	結婚する	→(　　　　　　)
	가다	行く	→(　　　　　　)

요즘 즐겁게 지내지?

저희는 편안하게 지내고 있어요.

내년에 결혼하게 됐습니다.

유학을 가게 되면 어디로 가고 싶어?

POINT 5-2 -ㄹ/을래(요)(?) ～する(?)，～します(か)　(意志)

意志を表す文末語尾。平叙文では話し手の意志を表し，疑問文では聞き手の意志を表します。目上の人には **-(으)실래요?** (～なさいますか) の形がよく使われます。

(　　　　) に **-ㄹ래/을래**の形を書き入れてみましょう。

母音語幹＋ㄹ래(요)	자다	寝る	→(　　　　　　)
ㄹ語幹 (ㄹの脱落)＋ㄹ래(요)	놀다	遊ぶ	→(　　　　　　)
子音語幹＋을래(요)	씻다	洗う	→(　　　　　　)

오늘은 피곤해서 일찍 잘래.

공원에서 형이랑 같이 놀래?

내가 먼저 손을 씻을래.

PLUS＋ONE

-지 않을래요? / 안 -ㄹ/을래요?　～しませんか?

-지 않으실래요? / 안 -(으)실래요?　～なさいませんか?

例 가지 않을래요? / 안 갈래요?　行きませんか?

メールを読む ②　민수は風邪がすっかり治ったそうです。

🔊27

메일 고마워. 나는 감기 다 나았어.

이번에는 39도까지 열이 올라서 주사도 맞고 약도 먹었어.

넌 열은 없지? 감기 걸렸을 때는 절대 무리하면 안 돼.

무리하**지 말고** 집에서 하루 이틀 푹 쉬면 어때?

그리고 내일모레 독서 모임은 하나도 걱정하**지 마**.

너 대신에 내가 자료를 복사해서 가져가면 돼.

자료는 시간 있을 때 나한테 메일로 보내.

아무튼 감기가 빨리 나**으면 좋겠다**.

그럼 무슨 일 있으면 연락해.

単語と表現

🔊28

- □ 다　すべて，全部，すっかり
- □ -도　度（℃）
- □ 오르다〈르〉　上がる
- □ 약을 먹다　薬を飲む
- □ -았/었을 때　～した時
- □ 무리하다　無理する
- □ 푹　ゆっくりと，ぐっすりと
- □ 걱정(하)［-쩡］　心配
- □ 복사(하)〔複写〕［-싸］　コピー
- □ 낫다〈ㅅ〉（病気・傷が）治る
- □ 열　熱
- □ 주사를 맞다　注射を打ってもらう
- □ 감기에 걸리다　風邪をひく
- □ 절대［때］(로)　絶対に
- □ 하루 이틀　一日，二日(間)
- □ 하나도　全然，ひとつも
- □ 대신〔代身〕　代わり
- □ 빨리　早く，速く，急いで

「単語と表現」を参考に，日本語に訳しましょう。
また，声に出して何回も読んでみましょう。

読解力 Check!

1) 민수는 감기가 나았어요? 안 나았어요?
2) 감기 걸렸을 때는 어떻게 해요?
3) 독서 모임은 언제 있어요?
4) 독서 모임 때 자료는 누가 복사해요?

POINT 5-3 -지 말다 ～しない，～するのをやめる （禁止）

禁止を表す表現。-지 말고（～しないで，～せずに）や -지 마세요（～しないでください）の形がよく使われます。頼み事やお願いの際には -지 말아 주세요（～しないようにしてください）を用います。
（　　　　）に -지 말고/지 마세요/지 말아 주세요の形を書き入れてみましょう。

語幹＋지 말고
語幹＋지 마세요
語幹＋지 말아 주세요

잊다	忘れる	→（　　　　　　　　　　　）
무리하다	無理する	→（　　　　　　　　　　　）
피우다	（タバコを）吸う	→（　　　　　　　　　　　）

약속은 잊지 말고 꼭 지켜.

열이 있으면 무리하지 마세요.

담배는 피우지 말아 주세요.

☞ -지 말다の해요体は，-지 말아요，-지 마요のどちらも使われます。

例 잊지 말아요/마요.　忘れないでね。

POINT 5-4 -(으)면 좋겠다 ～したらうれしいな，～だったらいいな （願望）

仮定の -(으)면 （⇒23 頁）に좋겠다がついて，「～したらうれしいな」「～だったらいいな」という話し手の願望を表す表現。名詞には -(이)라면 좋겠다（～ならいいな）がつきます。
（　　　　）に -면/으면や -라면/이라면の形を書き入れてみましょう。

動・形・存語幹＋(으)면 좋겠다
体言＋(이)라면 좋겠다

크다	大きい，（背が）高い	→（　　　　　　）좋겠다
끊다	（酒・タバコを）やめる	→（　　　　　　）좋겠다
새	鳥	→（　　　　　　）좋겠다
사장	社長	→（　　　　　　）좋겠다

키가 좀 크면 좋겠어.

네가 술을 끊으면 좋겠다.

내가 새라면/사장이라면 좋겠어요.

☞ -았/었으면 좋겠다も「～したらいいな」という表現です。-았/었으면 좋겠다のほうがより強い願望を表します。

例 술을 끊었으면 좋겠어요.　お酒をやめてくれたらうれしいです（やめてほしいです）。

練習コーナー

5-1 -게を用いて手紙を完成させ，日本語に訳しましょう。

이모 안녕하세요?
이모 집에도 장미꽃이 피었지요?
여기도 장미꽃이 (① 예쁘다 → 　　　　　　) 피기 시작했어요.
저는 매일 (② 즐겁다 → 　　　　　　) 생활하고 있어요.
4월부터 기숙사를 나와서 친구 집에서 (③ 살다 → 　　　　　　) 됐거든요.
홈스테이죠.
그리고 이번 달부터 대학에서 일본어를 (④ 공부하다 → 　　　　　　) 됐어요.
한번 놀러 오세요.

▷ 장미 バラ　즐겁다 楽しい　생활 生活　기숙사 寄宿舎，寮

5-2 -ㄹ/을래を用いて対話を完成させ，発音してみましょう。 29

例 A：뭐 먹을래요? (도시락)
　B：난 도시락을 먹을래.

① A：어디 앉을래요? (창문 옆)
　B：난 ______________.

② A：뭐 시킬래요? (김밥하고 라면)
　B：난 ______________.

③ A：막걸리 마실래요? (맥주)
　B：아니, 난 ______________.

5-3 「～したら～しないで～してね」という文を作ってみましょう。

例 배가 아프다 / 학교에 가다 / 쉬다
　➡ 배가 아프면 학교에 가지 말고 쉬어.

① 열이 나다 / 모임에 나오다 / 쉬다
　➡

② 몸이 아프다 / 무리하다 / 이야기하다
　➡

③ 감기 기운이 있다 / 목욕하다 / 그냥 자다
　➡

④ 밖에 나가다 / 술을 마시다 / 일찍 들어오다
　➡

5-4 次のような状況で, -(으)면 좋겠어요を用いて気持ちを伝えてみましょう。

① 기침이 나요　② 열이 있어요　③ 주사를 맞아요　④ 다리가 부었어요

例 기침이 안 나면 좋겠어요.

5-5 二人のやり取りを読んで、内容と合っていれば○を、合っていなければ×を付けてください。

료타: 오늘 공부 모임에 왜 안 나왔어요?
감기 걸렸어요?

유리: 네. 열이 좀 있어서 못 갔어요.
연락을 못 해서 미안해요.
이번 주는 아무 데도 못 나가요. ㅠ.ㅠ

료타: 무리하지 말고 푹 쉬어요.
감기 다 나으면 잊지 말고 한국인 친구 소개해 줘요.

유리: 알았어요.
오후에 민수 씨를 만나게 되면 나한테 전화 좀 줄래요?

① (　　) 료타는 공부 모임에 나갔지만 유리가 없었어요.

② (　　) 유리는 감기에 걸려서 공부 모임에 못 나갔어요.

③ (　　) 유리는 다음 주까지 집에서 쉬려고 해요.

④ (　　) 료타는 오후에 민수를 만날 예정이에요.

第6課 休日

学習目標：「連休にあったこと」について書いて，発表する。
「～している」「～しますから」「～してみる」「～しよう」の表現を使ってみる。

中学校時代の友人から久しぶりにメールが着ました。

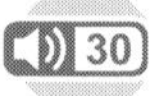

벌써 6월이네. 잘 지내지?

나는 연휴에 친구들이랑 디즈니랜드에 놀러 갔다 왔어.

날씨도 좋았고 정말 재미있었어. 연휴라서 그런지 사람들이 정말 많았어. 사람들이 여기저기 줄을 서 있었어. 우리도 점심을 먹으러 식당에 들어가서 40분이나 기다렸어.

참, 판다를 보러 동물원에도 갔거든. 근데 동물원에서 중학교 때 동창을 만났어. 너도 알지? 3학년 때 반장. 옛날하고 얼굴이 똑같아서 나도 모르게 웃음이 나왔어. 정말 세상이 좁지?

동창회 때 너도 보면 좋겠다.

그럼 또 연락할게.

単語と表現

31

- □ 연휴[여뉴]　連休
- □ 갔다 오다[갇따--]　行ってくる
- □ -(이)라서 그런지　～だからなのか
- □ 사람들　人々　cf. -들 ～たち
- □ 여기저기　あちこち（に）
- □ 줄을 서다　並ぶ
- □ 들어가다　入る，入っていく
- □ 참　あ，そうだ
- □ 동물원　動物園
- □ 중학교[--꾜]　中学校
- □ 동창(회)　同窓（会）
- □ 반장　班長，学級委員
- □ 옛날[옌-]　昔
- □ 똑같다[-깓따]　まったく同じだ
- □ 나도 모르게　思わず
- □ 웃음이 나오다　笑いが吹き出す
- □ 세상　世の中，世間
- □ 좁다[-따]　狭い

「単語と表現」を参考に，日本語に訳しましょう。
また，声に出して何回も読んでみましょう。

POINT 6-1 -아/어 있다 ～している -아/어 계시다 ～していらっしゃる （状態）

動作が終わりその状態が継続していることを表す表現。目上の人には -아/어 계시다を使います。
（　　　　）に -아/어/해 있다の形を書き入れてみましょう。

陽母音（ㅏ, ㅗ）語幹＋아 있다
陰母音（ㅏ, ㅗ以外）語幹＋어 있다
하다用言 → 해 있다

앉다　座る　→（　　　　　　　　）
서다　立つ　→（　　　　　　　　）
위치하다　位置する　→（　　　　　　　　）

커피숍에 두 사람이 앉아 있었어.

어떤 사람이 서 있었어? / 어떤 분이 서 계셨어?

빵집은 역 바로 앞에 위치해 있어.

어? 창문이 열려 있네.

☞ 입다（着る），신다（〈くつを〉はく），쓰다（〈帽子を〉かぶる）などの着用動詞や，알다，모르다などの認知動詞は –고 있다の形で状態を表します。（動作の進行を表す –고 있다については⇒ 9頁）

例 흰색 모자를 쓰고 있어요.　白い帽子をかぶっています。
　나도 알고 있었다.　私も知っていた。

POINT 6-2 -ㄹ/을게(요) （これから）～しますよ，～（し）ますから （意志·約束）

動詞や있다の語幹について，話し手の意志や約束などを表す表現。目上の人には -ㄹ/을게요を使います。発音は［ㄹ/을께요］（⇒ 21 頁）です。
（　　　　）に -ㄹ게/을게の形を書き入れてみましょう。

母音語幹＋ㄹ게(요)
ㄹ語幹（ㄹの脱落）＋ㄹ게(요)
子音語幹＋을게(요)

세우다　（計画を）立てる　→（　　　　　　　　）
열다　開ける，開く　→（　　　　　　　　）
닫다　閉める，閉じる　→（　　　　　　　　）

내가 휴가 계획을 세울게.

이쪽 창문은 내가 열게.

가게 문은 내가 닫을게.

학교 앞 카페에서 기다리고 있을게요.

メールを読む ②
中学校時代の友人に返信を書きました。 32

이게 몇 년 만이야? 진짜 오랜만이네.

나도 디즈니랜드에 가 보고 싶다. 아직 한 번도 못 가 봤거든.

나는 연휴 때 하루만 할머니 댁에 다녀오고 계속 아르바이트를 했어. 너도 전에 우리 할머니를 봤지? 올해 예순넷이시거든.

할아버지가 1년 전에 돌아가셔서 지금은 고양이 두 마리와 함께 사셔. 할머니네 집 고양이는 진짜 귀여워. 고양이 사진 보내 줄게.

그리고 3학년 때 반장한테서도 페이스북으로 연락이 왔어.

나는 이번 동창회에는 일이 있어서 못 가게 됐어.

언제 시간 있을 때 둘이서 영화라도 같이 보자.

単語と表現 33

- □ 몇[면] 년 만　何年ぶり
- □ 오랜만(=오래간만)　久しぶり
- □ -만　だけ，ばかり（助詞）
- □ 다녀오다　行って来る
- □ 돌아가시다　亡くなる
- □ -마리　～匹，～羽，～頭
- □ -네　～の家，～のところ
- □ -한테서　～から（助詞）
- □ -(이)서　（人数）で（助詞）
- □ 진짜　本当に，本物
- □ 아직　まだ
- □ 댁　お宅（집の尊敬語）
- □ 예순넷　64（歳）
- □ 고양이　猫
- □ 함께　共に，一緒に
- □ 귀여워(←귀엽다〈ㅂ〉)　かわいい
- □ 언제　いつか，いつ
- □ -(이)라도（助詞）　～でも（⇒87頁）

「単語と表現」を参考に，日本語に訳しましょう。
また，声に出して何回も読んでみましょう。

読解力 Check!

1) 이 사람은 연휴 때 뭐 했어요?
2) 할머니는 올해 연세가 어떻게 되세요?
3) 할머니는 누구하고 살아요?
4) 동창회에서 친구들을 만나기로 했어요?

POINT 6-3 -아/어 보다 ～してみる （試行）

試行を表す表現。なお，過去形の **-아/어 봤다**は，「～してみた」「～したことがある」という経験（⇒ 67 頁）を表すこともあります。

（　　　　）に **-아/어/해 보다**の形を書き入れてみましょう。

陽母音（ㅏ, ㅗ）語幹＋아 보다
陰母音（ㅏ, ㅗ 以外）語幹＋어 보다
하다用言 → 해 보다

감다　（目を）閉じる　→（　　　　　　　）
시키다　注文する　→（　　　　　　　）
부탁하다　頼む　→（　　　　　　　）

눈을 좀 감아 봐.

오이 김치도 시켜 봐요. 먹어 보고 싶어요.

할아버지한테 한번 부탁해 볼까?

디즈니랜드에는 한 번 가 봤어.

☞ -아/어 보고 싶다 で「～してみたい」。なお，한번は「（試しに）一度」，한 번は「1 回」です。

POINT 6-4 -자 ～しよう （勧誘）

日本語の「～しよう」にあたる文末語尾。友達や目下の人を誘ったり促したりする時に使います。

（　　　　）に **-자**の形を書き入れてみましょう。

用言＋자

키우다　育てる　→（　　　　　　　）
씻다　洗う　→（　　　　　　　）
갈아입다　着替える　→（　　　　　　　）

우리도 개를 키우자.

양말을 벗고 발을 씻자.

이제 잠옷으로 갈아입자.

스물이 되면 미국에 놀러 가자.

☞ 固有数詞は 99 まであります。（1 から 10 までは ⇒ 107 頁）
10 열　20 스물(스무)　30 서른　40 마흔　50 쉰　60 예순　70 일흔　80 여든　90 아흔

練習コーナー

6-1 絵を見て, -아/어 있어요もしくは -고 있어요と言ってみましょう。

① 꽃이 예쁘게 피다
② 바람이 불다
③ 꽃이 떨어지다
④ 여자애가 서다
⑤ 여자애는 모자를 쓰다
⑥ 남자애는 앉다
⑦ 개가 눕다〈ㅂ〉

6-2 A : -ㄹ/을래? (〜する?), B : -ㄹ/을게요 (〜しますよ) のやり取りを完成させ, 発音してみましょう。(母と息子とのやり取りです)　34

例 편지를 쓰다 ➡ A : 이모한테 편지를 쓸래?
B : 네. 제가 편지를 쓸게요.

① 우표를 붙이다 ➡ A : 편지 봉투에 ＿＿＿＿＿＿＿＿＿＿?
B : 네. ＿＿＿＿＿＿＿＿＿＿.

② 라면을 먹다 ➡ A : 밥이 없으면 ＿＿＿＿＿＿＿＿＿＿?
B : 네. ＿＿＿＿＿＿＿＿＿＿.

③ 이름을 짓다〈ㅅ〉 ➡ A : 네가 고양이 ＿＿＿＿＿＿＿＿＿＿?
B : 네. 제가 ＿＿＿＿＿＿＿＿＿＿.

④ 운동화를 사다 ➡ A : 구두를 사지 말고 ＿＿＿＿＿＿＿＿＿＿?
B : 좋아요. ＿＿＿＿＿＿＿＿＿＿.

6-3 A の質問に, 아직 못 -았/었지만 한번 -아/어 보고 싶어요 (まだ〜していませんが, 一度〜してみたいです) と答えましょう。(先輩と後輩とのやり取りです)　35

例 A : USJ에 가 봤어?
B : 아직 못 가 봤지만 한번 가 보고 싶어요.

① A : 삼겹살 먹어 봤어?
B : ＿＿＿＿＿＿＿＿＿＿.

② A : 그 후배 만나 봤어?
B : ＿＿＿＿＿＿＿＿＿＿.

③ A : 이 게임 해 봤어?
B : ＿＿＿＿＿＿＿＿＿＿.

④ A : 부산에 가 봤어?
B : ＿＿＿＿＿＿＿＿＿＿.

6-4 A：-아/어 볼까？(～してみようか)，B：아/어 보자 (～してみよう) のやり取りを完成させ，発音してみましょう。 36

例 배추 김치도 시키다 ➡ A：배추 김치도 시켜 볼까?
B：그래. 시켜 보자.

① 맥주를 마시다 ➡ A：오늘은 ＿＿＿＿＿＿＿＿＿＿?
B：좋아. ＿＿＿＿＿＿＿＿＿＿.

② 동물원에 가다 ➡ A：어린이날에 ＿＿＿＿＿＿＿＿＿＿?
B：좋아. 다 같이 ＿＿＿＿＿＿＿＿＿＿.

③ 고양이를 키우다 ➡ A：새해부터 ＿＿＿＿＿＿＿＿＿＿?
B：좋아. 한번 ＿＿＿＿＿＿＿＿＿＿.

6-5 二人のやり取りを読んで，内容と合っていれば○を，合っていなければ×を付けてください。

아빠

어린이날, 어디 가고 싶어?
동물원에 갈까?

딸
(10歳)

동물원에도 가 보고 싶고,
디즈니랜드에도 가 보고 싶어요.

아빠

디즈니랜드에는 작년에 갔잖아.
너 판다 좋아하잖아. 아니야?

딸
(10歳)

동물들은 좋아하지만 동물원은 우리 집에서
너무 가깝잖아요. 디즈니랜드는 멀고.

① (　　) 어린이날에 동물원과 디즈니랜드에 가기로 했어요.

② (　　) 딸은 작년에 디즈니랜드에도 가고 동물원에도 갔어요.

③ (　　) 딸은 판다와 동물들을 좋아하지 않아요.

④ (　　) 동물원은 집에서 가까워요.

6-6 第1課から6課までのポイントを用いて，「連休にあったこと」について書いてみましょう。また，発表してみましょう。（7行～10行ほど）

もっと知りたい！ さまざまな補助動詞

-아/어 주다（～してくれる/あげる⇒25頁），-아/어 보다（～してみる⇒43頁），-아/어 있다（～している⇒45頁）を学びましたが，このほかに-아/어と共に使われるさまざまな補助動詞について見てみましょう。

□ -아/어 먹다　～して食べる

저녁은 밖에서 사 먹을까요?　夕ご飯は外で食べましょうか？

아니，집에 가서 만들어 먹어요.　いや，家に帰って作って食べましょう。

만들기 싫으면 시켜 먹어요.　作るのが嫌なら，出前を取りましょう。

☞ 사 먹다で「外食する」　시켜 먹다で「出前を取る」

□ -아/어 드리다　～して差し上げる，お/ご～する

제가 안내해 드리겠습니다.　わたくしが案内して差し上げます。

가방을 들어 드릴까요?　カバンを持って差し上げましょうか？

할머니께 안경을 찾아 드렸어요.　おばあさんにメガネを探して差し上げました。

□ -아/어 가다/오다　～していく/くる

케이크를 사 갈까요?　ケーキを買っていきましょうか。

극장까지 걸어가죠.　映画館まで歩いていきましょう。

과일 좀 사 오세요.　果物を買ってきてください。

10년간 옷을 만들어 왔어요.　10年間服を作ってきました。

☞ 걷다（歩く）・뛰다（走る）などの移動動詞＋아/어 가다/오다は普通くっつけて아/어가다/오다と書きます。ですから걸어가다で「歩いていく」，뛰어오다で「走ってくる」になります。

なお，–고 가다/오다は「～して（それから）いく/くる」という意味です（⇒9頁）。

例 밥을 먹고 가요.　ご飯を食べていきましょう。

밥을 먹고 오세요.　ご飯を食べてきてください。

□ -아/어 버리다　～してしまう

언니 케이크까지 다 먹어 버렸어.　お姉さんのケーキまで食べちゃった。

그럼 케이크 상자도 버려 버려.　じゃケーキの箱も捨ててしまいなさい。

화가 나서 먼저 자 버렸어.　腹が立って先に寝てしまったの。

☞ **-아/어 버리다**はふつう分かち書きをしますが，**잊어버리다**（忘れてしまう），**잃어버리다**（失くしてしまう）などはひとつの単語として扱われ，くっつけて書きます。

□-아/어 놓다　～しておく

저녁은 만들어 놓고 나갈게.　夕ご飯は作っておいて出るから。

불을 켜 놓고 나왔어요.　明かりをつけっぱなしにして(←つけておいて)出てきました。

약속을 해 놓고 잊어버렸어요.　約束をしておいて忘れてしまいました。

□-아/어 두다　～しておく

비행기 표는 벌써 사 두었어.　飛行機のチケットはすでに買っておいたよ。

그림은 방에 걸어 두었어요.　絵は部屋にかけておきました。

돈은 은행에 넣어 두었지.　お金は銀行に入れておいたよ。

☞ **-아/어 두다**には「前もって～しておく」「きちんと保管しておく」というニュアンスがあります。なお，「おいておく」は**놓아 두다**と言います。

-아/어 놓다と-아/어 두다は
同じ「～しておく」でも
少しニュアンスが違うんだね。

21頁の練習の答え　1) ①　2) ②　3) ③　4) ①　5) ②

もっと知りたい！

韓国語の非丁寧体には해体（⇒31頁）と한다体があります。

해体と한다体の違い

◎ 해体

- 待遇表現をぼやかす言い方，반말とも言う。
- 話し言葉で目下の人や友だち，家族など親しい関係で用いられる。
- 後輩が先輩に，子どもが親に使うことが許される。
  ⇒ 知らない人や親しくない人にはあまり使わないほうがよい。

◎ 한다体

- 丁寧な気持ちがまったく含まれていない，ぞんざいな言い方。
- 新聞や雑誌，論文などの書き言葉で使われる。
- 話し言葉でも目下の人や友人に使われるが，子どもが親に使うことは許されない。
  ⇒ 子供時代や学生時代に知り合った友人同士で用いられる。大人になってからの友人には使いにくい。

한다体の作り方

한다体には平叙・疑問・勧誘・命令文の終結語尾がありますが，ここでは平叙形について見てみましょう。動詞は，語幹の種類によって-ㄴ다と-는다を使い分けますが，存在詞・形容詞・指定詞は語幹＋다なので，基本形と同じ形になります。また，過去形は品詞を問わず，-았/었다です。하다用言は-했다です。

動	母音語幹＋ㄴ다 ㄹ(リウル)語幹（ㄹ脱落）＋ㄴ다 子音語幹＋는다
存	語幹＋다
形	語幹＋다
指	語幹＋다

가다 → 먼저 **간다**　先に帰るよ
놀다 → 여기서 **논다**　ここで遊ぶ
먹다 → 밥 **먹는다**　ご飯，食べるよ
없다 → 시간이 **없다**　時間がない
멀다 → 여기서 **멀다**　ここから遠い
이다 → 나는 학생**이다**　私は学生である

なお，後置否定形の-지 않다の場合，動詞は-지 않는다，形容詞は-지 않다の形になります。

例 行かない　가지 않는다
遠くない　멀지 않다

한다体の活用練習

	現在 -(ㄴ/는)다　～する	過去 -았/었다　～した	後置否定 -지 않(는)다　～しない
배우다 習う	배운다	배웠다	배우지 않는다
공부하다 勉強する			
읽다 読む			
만들다 作る			
일하다 働く			
놀다 遊ぶ			
슬프다 悲しい			
편하다 楽だ			
끝나다 終わる			
멀다 遠い			
어둡다 暗い			
밝다 明るい			
학생이다 学生だ			학생이 아니다

학생이지 않다は
間違いなんだね。

第7課 **夏休み**

夏休み

学習目標： 計画を立てる。夏休みについて報告する。
「～しなければ」「～しても」「～して初めて」や可能・不可能の表現を使ってみる。

夏休みの計画を立てました。

내일이면 기말시험이 끝난다. 봄방학 때 한국에 가려고 했지만 갑자기 일이 생겨서 결국 가지 못했다. 이번 여름방학에는 꼭 한국에 가 보려고 한다. 한 달 전에 비행기 표도 사 두었다. 내일은 한국 친구에게 이메일을 보내야겠다.

한국에 가서 친구를 만나면 단기 유학에 대해서 알아보려고 한다. 또 일본 유학생도 만나서 유학 생활의 문제점 등에 관해서도 이야기를 들어 봐야겠다.

내일 시험이 끝나도 리포트가 두 개나 남아 있다. 빨리 여름방학이 왔으면 좋겠다.

単語と表現

38

- □ 기말시험　期末テスト
- □ 봄방학[-빵-]　春休み
- □ 갑자기[-짜-]　急に，突然
- □ 일이 생기다　用事ができる
- □ 결국　結局
- □ 꼭(=반드시)　必ず，ぜひ
- □ 한 달　1ヶ月
- □ 표〔票〕　切符，チケット
- □ -아/어 두다　～しておく
- □ 단기 유학　短期留学
- □ -에 대해서　～について，～に対して
- □ 알아보다　調べてみる
- □ 생활(하)　生活
- □ 문제점[--쩜]　問題点
- □ 등　等，など
- □ -에 관해서　～に関して
- □ 들어 보다　聞いてみる
- □ 남다[-따]　残る

「単語と表現」を参考に，日本語に訳しましょう。
また，声に出して何回も読んでみましょう。

POINT 7-1 -아/어야겠다 ～しなければ，～ねば，～しよう （強い意志）

話し手の強い意志を表す表現。해요体は，-아/어야겠어요です。
（　　　　）に-아야겠다/어야겠다/해야겠다の形を書き入れてみましょう。

陽母音（ㅏ, ㅗ）語幹＋아야겠다	살다	住む，生きる	→（　　　　　　　）
陰母音（ㅏ, ㅗ 以外）語幹＋어야겠다	보내다	送る	→（　　　　　　　）
하다用言 → 해야겠다	예약하다	予約する	→（　　　　　　　）

앞으로 열심히 살아야겠다.

친구한테 메일을 보내야겠다.

미리 호텔도 예약해야겠다.

아빠한테는 말하지 말아야겠다.

☞ 目上の人には－아/어야겠어요，－아/어야겠습니다が使われます。
例 저도 일을 해야겠어요.　私も働かなければと思っています。

POINT 7-2 -아/어도 ～(し)ても，～くても （譲歩）

日本語の「～しても」「～くても」にあたる接続語尾。-아/어도 되다は「～してもよい」という許可を表す表現です。-아/어도 괜찮다「～してもかまわない」もよく使われます。
（　　　　）に-아도/어도/해도の形を書き入れてみましょう。

陽母音（ㅏ, ㅗ）語幹＋아도	끝나다	終わる	→（　　　　　　　）
陰母音（ㅏ, ㅗ 以外）語幹＋어도	켜다	（電気製品を）つける	→（　　　　　　　）
하다用言 → 해도	전화하다	電話する	→（　　　　　　　）

시험이 끝나도 리포트가 남아 있어서 바쁘다.

에어컨을 켜도 돼요?

아침 일찍 전화해도 될까요? / 괜찮아요?

새것이 아니어도 괜찮다.

☞ 指定詞（이다, 아니다）には－어도のほか，－라도の形も使われます。
例 새것이 아니라도 괜찮다.　新品じゃなくても構わない。

ブログを読む 2 夏休みに初めてベトナムに行ってきました。

여름방학에 2박 3일로 베트남에 갔다 왔다. 한국에는 여러 번 가 봤지만 베트남은 처음이다. 베트남의 날씨는 역시 더웠다. 거리에는 사람들이 많았고 활기가 넘쳤다. 야시장을 찾아가서 빙수를 사 먹고 선물로 티셔츠를 몇 장 샀다. 티셔츠는 가격도 싸고 디자인도 마음에 들었다.

베트남 음식은 좀 매웠지만 정말 맛있었다. 메콩 강의 야경도 정말 아름다웠다. 강가에서 커피를 한 잔 마셨다. 저녁 바람이 시원하게 불어 왔다. 그때 한국말이 들려 왔다. 조금 알아들을 수 있어서 기뻤다.

내일부터 다시 아르바이트를 해야 한다.

単語と表現

40

- □ -박-일　～泊～日
- □ 역시 [-씨]　やはり，やっぱり
- □ 거리　街，通り
- □ 야시장을 찾아가다　夜市を訪れる
- □ 가격　価格，値段
- □ 맵다 [-따]〈ㅂ〉　辛い
- □ 강가 [-까]　川沿い
- □ 시원하다 [-워나-]　涼しい
- □ 들리다　聞こえる
- □ 여러 번〔番〕　数回
- □ 덥다 [-따]〈ㅂ〉　暑い
- □ 활기가 넘치다　活気があふれる
- □ 빙수〔氷水〕　かき氷
- □ 음식　飲食，食べ物
- □ 야경　夜景
- □ 바람이 불다　風が吹く
- □ 그때　その時，あの時
- □ 기쁘다〈으〉　うれしい

「単語と表現」を参考に，日本語に訳しましょう。
また，声に出して何回も読んでみましょう。

読解力 Check!

1) 몇 박 며칠로 베트남에 다녀왔어요?
2) 베트남은 몇 번째예요?
3) 베트남의 야시장에서는 뭘 했어요?
4) 한국말은 다 알아들을 수 있었어요?

POINT 7-3 -ㄹ/을 수 있다/없다 ～(することが)できる/できない (可能・不可能)

-ㄹ/을 수 있다は「～(することが)できる」「～られる」という可能を表す表現。**수**のあとは**-가**, **-는**, **-도**などの助詞がつくことがあります。なお, **수**の発音は[쑤]です(⇒21頁)。**-ㄹ/을 수 없다**は「～(することが)できない」という不可能の表現です。

(　　　　)に**-ㄹ/을 수 있다/없다**の形を書き入れてみましょう。

母音語幹＋ㄹ 수 있다
ㄹ語幹(ㄹの脱落)＋ㄹ 수 있다
子音語幹＋을 수 없다

잘하다　上手だ　→(　　　　　　　　)
벌다　(お金を)稼ぐ　→(　　　　　　　　)
알아듣다　聞き取る　→(　　　　　　　　)

한국어를 잘할 수 있게 됐어요.

아무나 돈을 벌 수가 있어요?

아무도 선생님의 말을 알아들을 수 없었다.

☞ -ㄹ/을 수밖에 없다で「～(する)しかない」
例 돈을 벌 수밖에 없어요.　お金を稼ぐしかありません。

POINT 7-4 -아/어야 ～してこそ, ～しなければ(～ない) (強い条件)

「～してこそ, ～しなければ(～ない)」という強い条件を表す接続語尾。**-아/어야 하다/되다**は「～しなければならない」という義務の表現です。

(　　　　)に**-아야/어야/해야**の形を書き入れてみましょう。

陽母音(ㅏ, ㅗ)語幹＋아야
陰母音(ㅏ, ㅗ以外)語幹＋어야
하다用言 → 해야

알다　知る, わかる　→(　　　　　　　　)한다
잡수시다　召し上がる　→(　　　　　　　　)된다
운동하다　運動する　→(　　　　　　　　)된다

자신을 잘 알아야 재미있게 살 수 있다.

할머니, 과일도 잡수셔야 됩니다.

매일 30분 정도 운동해야 돼요.

PLUS＋ONE

-지 말아야 하다/되다　～しないようにしなければならない, ～してはならない
例 지각하지 말아야 한다.　遅刻してはならない。

練習コーナー

7-1 夏休みにやらなければと思っていることを，言ってみましょう。

토플 공부를 하다	홋카이도에 가다	국내 여행을 하다
단기 유학을 가다	요가를 배우다	요리 교실에 다니다
해외여행을 하다	잠을 많이 자다	아르바이트를 많이 하다
돈을 벌다	인턴십을 알아보다	(自由に)

例 여름방학에는 〈　　　　　　　　　　〉아/어야겠어요.

7-2 A：-아/어도 돼요? (〜てもいいですか)，B：-(으)면 안 되지 (〜してはいけないよ) のやり取りを作り，発音してみましょう。(母と子どもとのやり取りです)　41

例 게임을 하다 ➡ A：게임을 해도 돼요?
B：게임을 하면 안 되지.

① 과자를 먹다 ➡ A：＿＿＿＿＿＿＿＿＿＿?
B：＿＿＿＿＿＿＿＿＿＿.

② 늦게 일어나다 ➡ A：＿＿＿＿＿＿＿＿＿＿?
B：＿＿＿＿＿＿＿＿＿＿.

③ 에어컨을 켜다 ➡ A：＿＿＿＿＿＿＿＿＿＿?
B：＿＿＿＿＿＿＿＿＿＿.

④ 자전거를 타다 ➡ A：＿＿＿＿＿＿＿＿＿＿?
B：＿＿＿＿＿＿＿＿＿＿.

7-3 「〜したかったんですが〜くて〜することができなかった」という文を作りましょう。

例 갈비를 먹다 / 시간이 없다
➡ 갈비를 먹고 싶었지만 시간이 없어서 먹을 수 없었다.

① 영국에 가다 / 비행기 표가 없다
➡

② 티셔츠를 사다 / 돈이 모자라다
➡

③ 밖에 나가다 / 일이 생기다
➡

④ 그때 일은 잊다 / 자꾸 생각나다
➡

7-4 -아/어야 -ㄹ/을 수 있어요を用いて，「～しないと～することはできません」「～してこそ～することができます」という文を作ってみましょう。

例 일찍 가다 / 자리를 잡다

➡ 일찍 가야 자리를 잡을 수 있어요.

① 연습 문제를 풀다 / 시험에 붙다

➡

② 방을 청소하다 / 손님을 부르다

➡

③ 스마트폰이 있다 / 일을 하다

➡

④ 계획을 세우다 / 휴가를 즐겁게 보내다

➡

7-5 二人のやり取りを読んで，内容と合っていれば○を，合っていなければ×を付けてください。

료타

2박 3일 서울에 갔다 왔어.
어제 밤늦게 돌아와서 바로 답장을 못 했어. 미안.

유리

재미있었어? 부산에도 갔어?
그럼 이따가 전화하면 받을 수 있어?

료타

오전 중이라면 괜찮아. 1시 이후에는 일이 있어서….
부산에는 못 갔어. 만나면 얘기해 줄게.

유리

알았어. 그럼 12시 전에 전화할게.
방학 숙제를 잘 몰라서….

① (　　　) 료타는 2박 3일 서울하고 부산에 갔다 왔어요.

② (　　　) 료타는 어제 밤늦게 돌아와서 바로 유리에게 답장을 보냈어요.

③ (　　　) 료타는 오후 1시 전이라면 전화를 받을 수 있어요.

④ (　　　) 유리는 방학 숙제 때문에 료타에게 전화를 하려고 해요.

第8課 **趣味**

学習目標：好きなことについて言う。友達を紹介する。
連体形や「～という」「～んです」の表現を使ってみる。

Fさんは，大学に入ってから写真を撮り始めたそうです。

누가 "취미가 뭐예요?"라고 내게 물으면 요즘은 "사진 찍는 것을 좋아해요."라고 대답한다. 실은 나는 대학에 들어와서 사진을 찍기 시작했다.

나는 오빠가 야구를 해서 그런지 초등학생 때부터 운동을 좋아했다. 운동이라면 야구는 물론 축구, 농구, 배구 등 스포츠는 다 좋아한다. 특히 경기장에 가서 직접 보는 것을 좋아한다. 그런데 요즘에는 사진부 활동에 바빠서 경기장에 거의 가지 못했다.

사진부 선배는 장래 꿈이 사진가라고 했다. 선배는 정말 사진을 잘 찍는다. 다음 달에 있는 사진전이 기대된다.

単語と表現

43

- □ 묻다〈ㄷ〉 訊く，尋ねる
- □ 것 もの，こと，の
- □ 들어오다 入る，入ってくる
- □ 초등학생〔初等--〕 小学生
- □ 배구〔排球〕 バレーボール
- □ 경기(장) 競技(場)
- □ 사진부 写真部
- □ 선배(⇔ 후배) 先輩(⇔ 後輩)
- □ 사진전 写真展
- □ 요즘(=요즈음) 最近，近頃
- □ 실은 実は，実際
- □ 해서 그런지 したからなのか
- □ 물론〔勿論〕 もちろん
- □ 특히[트키] 特に
- □ 직접[-쩝] 直接
- □ 활동(하)[-똥] 活動
- □ 장래[-내] 꿈 将来の夢
- □ 기대되다 期待される，楽しみだ

「単語と表現」を参考に，日本語に訳しましょう。
また，声に出して何回も読んでみましょう。

POINT 8-1 ① -라고 ～(だ)と ② -(이)라고 하다 ～という，～そうだ

“ ”(引用符) のあとに**라고**がつくと直接引用を，指定詞の語幹につくと引用や伝聞を表します。また，**-(이)라고 하다**は名前を言う時の慣用表現としてもよく使われます。
(　　　) に**라고**の形を書き入れてみましょう。

① 直接引用	“ ”＋라고
② 引用・伝聞	이[다]＋라고 아니[다]＋라고

“잘 가요.” (　　　　　) 했다.
“못 마셔요.” (　　　　　) 했어요.
김경숙이 (　　　　　) 해요.
사진가가 아니 (　　　　　) 합니다.

내가 먼저 “잘 가요.”라고 말했다.

친구가 “술은 못 마셔요.”라고 했어요.

이 후배는 김경숙이라고 해요.

그는 사진가가 아니라고 합니다.

☞ -(이)라고 하다で「～と言う」
例 김경자라고 합니다. キム・キョンジャと言います。

POINT 8-2 -는 ～する (＋名詞) (動詞・存在詞の現在連体形)

動詞や存在詞の現在連体形。連体形とは，「見る人」「時間がある日」のように，用言 (動詞・存在詞・形容詞・指定詞) が体言を修飾する形をいいます。ㄹ語幹動詞の場合はㄹが消えて-는がつくので注意しましょう。(　　　) に-는の形を書き入れてみましょう。

動 語幹＋는 (ㄹ語幹はㄹの脱落)	
存 語幹＋는	

모르다 知らない → (　　　　　) 사이
알다 わかる，知る → (　　　　　) 분
신다 はく → (　　　　　) 신발
맛없다 おいしくない → (　　　　　) 요리

서로 모르는 사이예요?

제가 아는 사람이 아니에요.

안 신는 신발은 버려도 돼요?

맛없는 요리는 먹고 싶지 않아요.

☞ 맛있다・맛없다・재미있다など있다・없다がついているのは形容詞ではなく，存在詞です (⇒78)。

ブログを読む ②

Gさんは，外国語を勉強するのが趣味だそうです。

내가 “외국어를 공부하는 게 유일한 취미입니다.”라고 말하면 모두 웃는다. 하지만 나는 정말 운동도 못하고 스포츠에도 관심이 없다. 아버지가 야구나 축구 경기를 볼 때는 하는 수 없이 같이 보지만 재미없어서 금방 잠이 온다.

그러나 스포츠 선수들의 인터뷰나 다큐멘터리를 보는 것은 좋아한다. 그들의 강한 정신력과 끊임없는 노력을 보고 있으면 언제나 힘을 얻는다. 약한 나 자신을 뒤돌아보게 된다. 그들은 힘든 연습을 이겨내고 그 자리에 서 있는 것이다.

스포츠 선수 파이팅! 나도 파이팅!

単語と表現

45

- □ 유일하다　唯一だ
- □ 하는 수 없이 [업씨]　仕方なく
- □ 금방　すぐ，間もなく
- □ 선수　選手
- □ 강하다〔強--〕　強い
- □ 끊임없다 [끄니멉따]　絶え間ない
- □ 힘을 얻다　力を得る
- □ 뒤돌아보다　振り返る
- □ 서다　立つ，止まる
- □ 관심　関心
- □ 재미없다　面白くない，つまらない
- □ 잠이 오다　眠くなる
- □ 그들　彼ら，彼女ら
- □ 정신력 [--녁]　精神力
- □ 노력(하)　努力
- □ 약하다 [야카-]〔弱--〕　弱い
- □ 이겨내다　打ち勝つ
- □ 파이팅　ファイト，頑張れ

「単語と表現」を参考に，日本語に訳しましょう。
また，声に出して何回も読んでみましょう。

読解力 Check!

1) 글을 쓴 사람의 취미는 뭐예요?

2) ‘나’는 스포츠에 관심이 있어요?

3) ‘나’는 뭘 좋아해요?

4) ‘내’가 힘을 얻는 건 언제예요?

POINT 8-3　-ㄴ/은 ①　～い（+名詞）　（形容詞・指定詞の現在連体形）

形容詞や指定詞の現在連体形。ㄹ語幹形容詞の場合はㄹが消えて-ㄴがつくので注意しましょう。
（　　　）に-ㄴ/은の形を書き入れてみましょう。

形 母音語幹＋ㄴ ㄹ語幹（ㄹの脱落）＋ㄴ 子音語幹＋은	
指 語幹＋ㄴ	

비슷하다　似ている　→（　　　　　　）목소리
힘들다　つらい，大変だ　→（　　　　　　）연습
작다　小さい，（背が）低い　→（　　　　　　）선수
교사이다　教師である　→（　　　　　　）형

나와 비슷한 목소리를 가졌다.

힘든 연습을 다 이겨냈다.

그 팀에서 제일 키가 작은 선수였다.

중학교 교사인 우리 형의 이야기이다.

POINT 8-4　-는(ㄴ/은) 것이다　～のだ，～んだ　（説明）

現在連体形＋것이다の形で，動作や状態の説明などに用いる表現。ㄹ語幹動詞の場合はㄹが消えて-는がつき，ㄹ語幹形容詞の場合はㄹが消えて-ㄴがつきます。것はしばしば話し言葉形の거になります。
（　　　）に-는もしくは-ㄴ/은の形を書き入れてみましょう。

動・存 語幹＋는 것이다
形・指 語幹＋ㄴ/은 것이다

말하다　言う　→（　　　　　　）것이다
멋있다　素敵だ　→（　　　　　　）거예요
길다　長い　→（　　　　　　）거야
아니다　～ではない　→（　　　　　　）겁니다

아주 재미있게 말하는 거예요.

검은색 코트가 너무 멋있는 거예요.

그리고 머리가 진짜 긴 거야.

그러니까 내가 아는 그 선수가 아닌 겁니다.

☞ 것이다の해体は것이야もしくは거야になります（⇒ 31 頁）。

練習コーナー

8-1 Aの質問に, 라고 해요を用いて答えてみましょう。 46

例 A：결혼할 때 뭐라고 해요?　(축하드려요)

B：“결혼, 축하드려요.”라고 해요.

① A：술을 마실 때 한국어로 뭐라고 해요?　(위하여! 건배)

B：“＿＿＿＿＿＿＿＿＿＿”.

② A：밥을 다 먹고 뭐라고 해요?　(잘 먹었어요)

B：“＿＿＿＿＿＿＿＿＿＿”.

③ A：아침에 일어나서 뭐라고 인사해요?　(잘 잤어요?)

B：“＿＿＿＿＿＿＿＿＿＿”.

8-2 -(이)라고 해요を用いて, 友達を紹介してみましょう。

민수 / 2학년 / 19살 / 사진가가 꿈 / 형은 회사원
료타 / 3학년 / 20살 / 세계 여행이 꿈 / 누나는 사진가
정우 / 4학년 / 21살 / 축구 선수가 꿈 / 아버지는 야구 선수

例 〈민수〉는 〈2학년〉이고 〈사진가가 꿈〉(이)라고 해요.

8-3 連体形 -는や-ㄴ/은を用いて文を完成させ, 日本語に訳しましょう。

내 취미는 영화를 (① 보다 →　　　　) 것이다.
시간이 (② 있다 →　　　　) 날이면 거의 영화관에 앉아 있다.
(③ 재미있다 →　　　　) 영화도 (④ 재미없다 →　　　　) 영화도 영화라면 다 좋다.
특히 날씨가 (⑤ 덥다 →　　　　) 날에는 (⑥ 시원하다 →　　　　) 에어컨 바람이 (⑦ 나오다 →　　　　) 영화관이 최고이다.
어제는 영화관에서 (⑧ 알다 →　　　　) 선생님을 만났다.
선생님은 내게 (⑨ 맛있다 →　　　　) 팝콘과 콜라를 사 주셨다.
집에서 엄마가 (⑩ 만들어 주시다 →　　　　) 팝콘보다 영화관에서 (⑪ 팔다 →　　　　) 팝콘이 더 맛있는 건 왜일까?

▷ 최고 最高　　이유 理由

8-4 -는(ㄴ/은)거예요を用いて文を完成し，発音してみましょう。

例 누가 찾아왔어요. 그런데 모르는 사람(이다 → 인 거예요).

① 우리 오빠하고 중학교 동창이라고 (하다 → 　　　　　　　　).
② 계속 서 (있다 → 　　　　　　　　).
③ 내가 한국 드라마를 좋아하는 것도 (알다 → 　　　　　　　　).
④ 나하고 이야기가 잘 (통하다 → 　　　　　　　　).

8-5 二人のやり取りを読んで，内容と合っていれば○を，合っていなければ×を付けてください。

민수: 주말에 시간 있으면 야구장에 안 갈래?
내 친구가 야구 선수거든.

료타: 좋지. 내가 제일 좋아하는 스포츠가 야구잖아.

민수: 나도 그래. 고등학교까지 야구를 했어
중학생 때는 야구 선수가 되는 게 꿈이었어.

너는 소설가가 되는 게 꿈이라고 했지?

료타: 응. 근데 나도 중학생 때는
멋있는 야구 선수가 되고 싶었어. ㅋㅋ

① (　　　) 이번 토요일에 민수 친구의 야구 시합이 있다.
② (　　　) 민수는 스포츠 중에서 야구를 제일 좋아한다.
③ (　　　) 중학생 때 료타의 꿈은 야구 선수가 되는 것이었다.
④ (　　　) 민수는 지금도 야구 선수가 되는 것이 꿈이다.

8-6 「連体形+名詞」を用いて，「好きなこと」を言ってみましょう。

例 내가 좋아하는 것, 수업이 없는 날, 큰 가방, 멋있는 구두……

もっと知りたい！ 趣味の表現

제 취미는 (　　　　　　　　)는 거예요.

피아노를 치다

테니스를 치다

스키를 타다

사진을 찍다

음악을 듣다

춤을 추다

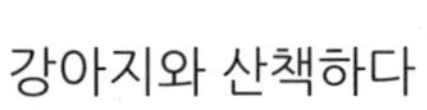
강아지와 산책하다

쇼핑하다

우표를 모으다

케이크를 만들다

맛있는 것을 먹다

그림을 그리다

漢字語①

日本語の漢字語を音読みして発音が2音節になるものは，その最後の音と韓国語のパッチムが規則的に対応します。韓国語の漢字は基本的に1文字一音です。

1．漢字音の「く・き」は，「ㄱ」パッチムに対応する。

例 学生 학생[학쌩]　特別 특별[특뻘]　最悪 최악
歴史 역사[역싸]　衝撃 충격　責任 책임

2．漢字音の「ち・つ」は，「ㄹ」パッチムに対応する。

例 一部 일부　発達 발달[발딸]　実施 실시[실씨]
技術 기술　仏教 불교　必要 필요

3．漢字音の「ん」は，「ㄴ ㅁ」パッチムに対応する。※「ㅇ」パッチムにはならない！

例 実践 실천　権利 권리　発見 발견
心理 심리　監督 감독　実験 실험

4．漢字音が長母音（う）を含む場合，「ㅇ」パッチムになる（もしくは反映されない）。

例 運動 운동　伝統 전통　行動 행동
情 정　上下 상하　表情 표정
cf. 調査 조사　注文 주문　周囲 주위

練習 日本語の意味を考えてみましょう。（答えは ⇒ 93 頁）

① 실패	② 출발	③ 촬영
④ 주인	⑤ 인간	⑥ 주문
⑦ 정치	⑧ 중앙	⑨ 상급
⑩ 감사	⑪ 시험	⑫ 음악
⑬ 출석	⑭ 체육	⑮ 조직

93頁の 練習 の答え

① 価格　② 開発　③ 科学　④ 現金　⑤ 訓練　⑥ 化粧品　⑦ 博士　⑧ 班長　⑨ 発生
⑩ 日記　⑪ 認定　⑫ 農業　⑬ 論理　⑭ 労働　⑮ 録音　⑯ 利益　⑰ 恋愛　⑱ 領収証

第９課

大学祭

学習目標： 経験や物事を順序だてて言う。短い文を書いて発表する。
過去連体形や経験の有無，「〜してから」「〜していた」の表現を使ってみる。

大学祭の時韓国料理を出すことになりました。

곧 대학 축제가 시작된다. 우리 서클에서는 한국 요리를 만들기로 했다. 친구들과 의논한 결과, 작년에 한국에 갔을 때 먹어 본 떡볶이와 지짐이로 정했다.

떡볶이와 지짐이를 먹어 본 적이 없는 친구가 있어서 저녁에 다 같이 한국 식당에 가서 떡볶이와 지짐이를 먹었다. 떡볶이는 그다지 맵지 않고 정말 맛있었다. 지짐이 중에서는 오징어와 파가 많이 들어간 파전이 맛있었다. 식사 후에 디저트로 과일이 나왔다. 서비스라고 했다.

내일은 재료를 사서 우리가 한번 만들어 보기로 했다.

単語と表現

48

- □ 곧　間もなく，すぐ(に)
- □ 시작되다[--뙤-]　始まる
- □ 의논(하)〔議論〕　相談
- □ -았/었을 때　〜した時
- □ 지짐이　チヂミ
- □ 그다지　それほど
- □ 들어가다　入る，入っていく
- □ 디저트　デザート
- □ 서비스　サービス
- □ 대학 축제[-쩨]〔祝祭〕　大学祭
- □ 서클(=동아리)　サークル
- □ 결과　結果
- □ 떡볶이[-뽀끼]　トッポッキ
- □ 정하다〔定--〕　決める，定める
- □ 오징어　イカ
- □ 파전　ネギチヂミ
- □ 나오다　出る，出てくる
- □ 재료　材料

「単語と表現」を参考に，日本語に訳しましょう。
また，声に出して何回も読んでみましょう。

POINT 9-1 -ㄴ/은 ② ～した（＋名詞） （動詞の過去連体形）

動詞の語幹に-ㄴ/은がつくと，「～した」という過去連体形になります。ㄹ語幹動詞はㄹが消えて-ㄴがつくので注意しましょう。（形容詞や指定詞の現在連体形と同じ形です）

（　　　　）に-ㄴ/은の形を書き入れてみましょう。

母音語幹＋ㄴ
ㄹ語幹（ㄹの脱落）＋ㄴ
子音語幹＋은

시키다 注文する →（　　　　　　　　）요리
만들다 作る →（　　　　　　　　）떡볶이
넣다 入れる → 설탕을（　　　　　　　　）커피

아까 시킨 파전이 나왔어.

친구가 만든 떡볶이는 아주 맛있었다.

이건 설탕을 넣은 커피야.

우리가 시키지 않은 과일이 나왔네.

POINT 9-2 -ㄴ/은 적이 있다/없다 ～したことがある／ない （経験）

-ㄴ/은 적이 있다は「～したことがある」，-ㄴ/은 적이 없다は「～したことがない」という経験の有無を表す表現です。-ㄴ/은は動詞の過去連体形なのでㄹ語幹動詞はㄹが消えて-ㄴがつきます。

（　　　　）に-ㄴ/은の形を書き入れてみましょう。

母音語幹＋ㄴ 적이 있다
ㄹ語幹（ㄹの脱落）＋ㄴ 적이 없다
子音語幹＋은 적이 있다

잃어버리다 なくす →（　　　　　　）적이 있다
늘다 伸びる，上達する →（　　　　　　）적이 없다
잃다 失う，（道に）迷う →（　　　　　　）적이 있다

지갑을 잃어버린 적이 있어.

요즘처럼 이렇게 실력이 는 적이 없다.

시장에서 길을 잃은 적이 있어요.

PLUS ＋ ONE

-ㄴ/은 일이 있다/없다 ～したことがある/ない

例 지갑은 잃어버린 일이 없다. 財布はなくしたことがない。

準備した料理は1時前で売り切れました。

대학 축제 날, 우리는 아침부터 부지런히 움직였다. 내가 가스불을 켠 다음 먼저 떡볶이를 만들었다. 학생들은 11시쯤부터 줄을 서서 기다렸다. 떡볶이를 먹은 학생들이 "정말 맛있어요."라고 말해 주었다. 한국에서 먹던 바로 그 맛이라고 했다.

옥수수 차를 끓여서 한 잔씩 나눠 준 것도 평판이 좋았다. 준비한 요리는 1시가 되기 전에 다 팔렸다. 우리는 그릇이나 도구들을 정리한 뒤에 늦은 점심을 먹었다.

처음에는 손님이 있을까 걱정했지만 준비한 요리가 다 팔려서 정말 다행이었다.

単語と表現

50

- □ 날　日
- □ 움직이다　動く
- □ 줄을 서다　並ぶ
- □ 맛　味
- □ -씩　～ずつ
- □ 나눠 주다　配る
- □ -기 전에　～する前に(⇒95頁)
- □ 그릇이나 도구　器や道具
- □ 손님　お客さん
- □ 부지런히[--러니]　せっせと
- □ 불을 켜다　火をつける
- □ 바로　まさに
- □ 옥수수 차[-쑤--]　トウモロコシ茶
- □ 끓이다　沸かす,(スープ・ラーメンを)作る
- □ 평판　評判
- □ 팔리다　売れる
- □ 정리(하)[-니]　整理
- □ 다행이다〔多幸--〕　幸いだ

「単語と表現」を参考に，日本語に訳しましょう。
また，声に出して何回も読んでみましょう。

読解力 Check!

1) 학생들은 몇 시쯤부터 줄을 서서 기다렸어요?
2) 떡볶이를 먹은 학생들이 뭐라고 했어요?
3) 준비한 요리는 몇 시쯤 다 팔렸어요?
4) 점심은 언제 먹었어요?

POINT 9-3 -ㄴ/은 뒤(에) ～した後で，～した後に （順序）

過去連体形 -ㄴ/은と뒤(에)が結合した，「～した後で」「～した後に」という二つの行動を順序立てて言う時に用いる表現です。뒤は후や다음に置き換えることができます。なお，ㄹ語幹動詞はㄹが消えて -ㄴがつくので注意しましょう。

（　　　）にㄴ/은 뒤에/후에/다음에の形を書き入れてみましょう。

動 語幹 ＋ㄴ/은 뒤(에)	세다	数える	→（　　　　　　　）
＋ㄴ/은 후(에)	준비하다	準備する	→（　　　　　　　）
＋ㄴ/은 다음(에)	끓이다	沸かす，作る	→（　　　　　　　）

돈을 센 뒤에 그릇을 정리하자.

재료를 준비한 후, 좀 힘들어서 쉬었다.

옥수수 차를 끓인 다음에 쌀을 씻어야 한다.

숟가락과 젓가락을 놓은 다음에 밥그릇을 꺼냈다.

☞ -ㄴ/은 뒤/후/다음(에)は，-고（⇒９頁）を用いて表現することもできます。

例 돈을 세고 그릇을 정리하자.
재료를 준비하고 좀 힘들어서 쉬었다.
옥수수차를 끓이고 쌀을 씻어야 한다.

POINT 9-4 -던 ～していた（＋名詞） （動詞の過去回想の連体形）

動詞の語幹につく過去回想の連体形。過去に持続的に行われていた行動や習慣，もしくは途中で中断した行動などに使われます。

（　　　）に -던の形を書き入れてみましょう。

動 語幹 ＋던	타다	乗る	→（　　　　　）	자전거
	가다	行く	→（　　　　　）	카페
	읽다	読む	→（　　　　　）	소설

이건 형이 타던 자전거예요.

학생 때 자주 가던 카페가 생각난다.

내가 읽던 소설책, 못 봤어?

작년에 입던 흰색 바지, 어디에 두었어?

練習コーナー

9-1 連体形 -는や -ㄴ/은を用いて文を完成させ，日本語に訳しましょう。

오늘은 대학 축제가 있어서 서클 친구와 같이 학교에 갔다.
학교에는 여러 가지를 (① 팔다 → 　　　　) 가게가 많이 있었다.
여기저기서 (② 맛있다 → 　　　　) 냄새가 났다.
나는 지짐이는 (③ 먹어 보다 → 　　　　) 적이 있지만 떡볶이는
먹어 본 적이 없었다. 떡볶이를 (④ 먹어 보다 → 　　　　) 친구가
그다지 (⑤ 맵지 않다 → 　　　　) 요리라고 해서 우리도 한번 먹어 봤다.
내가 (⑥ 좋아하다 → 　　　　) 고추장 맛이었다. 진짜 맛있었다.
떡볶이를 (⑦ 먹다 → 　　　　) 뒤에 (⑧ 따뜻하다 → 　　　　) 차를
한 잔 줘서 마셨다. 옥수수 차라고 했다.

▷ 냄새가 나다　においがする　　고추장　コチュジャン　　따뜻하다　暖かい

9-2 A：-ㄴ/은 적이 있어요?（～したことがありますか），B：-ㄴ/은 일은 없어（～したことはない）のやり取りを作り，発音してみましょう。（後輩と先輩とのやり取りです）　51

例 돈을 잃어버리다 ➡ A：돈을 잃어버린 적이 있어요?
B：아니, 돈을 잃어버린 일은 없어.

① 친구와 싸우다 ➡ A：＿＿＿＿＿＿＿＿?
B：아니, ＿＿＿＿＿＿＿＿.

② 피아노를 배우다 ➡ A：＿＿＿＿＿＿＿＿?
B：아니, ＿＿＿＿＿＿＿＿.

③ 팩스를 보내다 ➡ A：나한테 ＿＿＿＿＿＿＿＿?
B：아니, ＿＿＿＿＿＿＿＿.

④ 연락처를 알려 주다 ➡ A：다른 사람한테 ＿＿＿＿＿＿＿＿?
B：아니, ＿＿＿＿＿＿＿＿.

9-3 日曜日にやらなければならないことがいっぱいあります。順番を決めて，言ってみましょう。

방을 청소하다	빨래를 하다	리포트를 쓰다
쇼핑을 하다	게임을 하다	머리를 감다
그릇을 정리하다	밥하다	목욕하다
일기를 쓰다	국을 끓이다	（自由に）

例 〈방을 청소하〉ㄴ/은 후에 〈리포트를 쓰〉ㄹ/을게요.

9-4 -던を用いて文を完成させ，発音してみましょう。 52

例 A：뭐가 먹고 싶어요?
B：어릴 때 (먹다 → 먹던) 반찬이 먹고 싶어요.

① A：저 집이 새로 지은 집이에요.
B：아, 마음 속에 (그리다 → 　　　　) 집이네요.

② A：전에 (타다 → 　　　　) 차는 어떻게 했어요?
B：동생한테 줬어요.

③ A：엄마, 내가 겨울에 들고 (다니다 → 　　　　) 가방, 못 봤어요?
B：그 가방, 내가 버렸지.

④ A：엄마, 지난 여름에 (신다 → 　　　　) 샌들, 어디 뒀어요?
B：잘 찾아봐. 그 위에 없어?

9-5 二人のやり取りを読んで，内容と合っていれば○を，合っていなければ×を付けてください。

딸
(대학생)

엄마, 내가 어제 여기서 읽던 책 못 보셨어요?
소설책이에요.

엄마

책은 본 적이 없어. 왜?
거기 텔레비전 위에 없어?

딸
(대학생)

아직 다 못 읽어서 오늘 전철에서 읽으려고요.
내가 반 정도 읽고 여기 소파 위에 놓았거든요.

엄마

그래? 아빠한테 물어봐.
아빠가 어제 거기 소파에 앉아 계셨거든.

① (　　　) 딸은 어제 소파에 앉아서 소설책을 읽었다.

② (　　　) 딸은 어제 읽던 책을 찾고 있다.

③ (　　　) 딸이 읽던 소설책은 엄마도 읽은 적이 있다.

④ (　　　) 딸이 읽던 책을 아빠가 텔레비전 위에 올려놓았다.

9-6 連体形を用いて，「趣味」や「大学祭」について書いてみましょう。
また，発表してみましょう。（7行～10行ほど）

第10課 **仕事**

学習目標：仕事や職業について言う。引用や伝聞で話す。
「未来連体形」「〜だろう／つもりだ」「〜かった」「〜だそうだ」の表現を使ってみる。

未来には宇宙旅行ガイドという仕事があるかもしれません。

어렸을 때 누구나 하고 싶었던 일이 하나쯤 있었을 것이다. 학교 선생님, 운동선수, 사장님, 연예인, 가수 등등. 나는 여행을 좋아해서 여행 가이드가 되고 싶었다.

며칠 전에 신문에서 미래에 새로 생길 직업이라는 글을 읽었다. 동물 간호사, 로봇 엔지니어, 우주여행 가이드 등 여러 직업 중에서 우주여행 가이드에 흥미가 생겼다. 진짜로 우주여행이 가능하게 될까.

내년에는 해외 인턴십에 도전해 봐야겠다. 5년 후 나는 어디서 무슨 일을 하고 있을까.

単語と表現

54

- □ 어리다　幼い
- □ 누구나　誰でも
- □ 운동선수　運動選手
- □ 사장(님)　社長
- □ 연예인〔演芸人〕 芸能人
- □ 가이드　ガイド
- □ 미래　未来
- □ 새로　新しく
- □ 생기다　生じる，できる
- □ 직업　職業
- □ -(이)라는　〜という（＋名詞）
- □ 글　文，文章
- □ 간호사〔看護士〕 看護師
- □ 로봇　ロボット
- □ 우주여행　宇宙旅行
- □ 흥미가 생기다　興味がわく
- □ 가능하다　可能だ
- □ 도전(하)　挑戦，チャレンジ

「単語と表現」を参考に，日本語に訳しましょう。
また，声に出して何回も読んでみましょう。

POINT 10-1 -ㄹ/을 (これから) ~する(+名詞), ~すべき(+名詞) (未来連体形)

まだ実現されてない計画や予定, 考えなどに使います。ㄹ語幹用言はㄹが消えて-ㄹがつくので注意しましょう。(　　　　) に-ㄹ/을の形を書き入れてみましょう。

母音語幹 + ㄹ
ㄹ語幹 (ㄹの脱落) + ㄹ
子音語幹 + 을

바꾸다　変える, 両替する　→ (　　　　　　　　) 때
팔다　売る　→ (　　　　　　　　) 계획
찍다　(写真を) 撮る　→ (　　　　　　　　) 예정

한국 돈으로 바꿀 때 필요합니다.

이 자동차는 팔 계획이에요.

졸업 사진을 찍을 예정이다.

PLUS + ONE

-ㄹ/을 때　~する時　例 갈 때　行く時
-았/었을 때　~した時　例 갔을 때　行った時
-ㄹ/을 생각이다　~するつもりだ　例 갈 생각이에요.　行くつもりです

POINT 10-2 -ㄹ/을 것이다　~だろう, ~つもりだ, ~と思う　(推量・意志)

1人称の場合は話し手の意志を, 2人称の場合は聞き手の意志の確認を, 3人称の場合は推量を表す表現。것は, しばしば거になります。-았/었을 것이다は「~しただろう」という意味です。なお, 意志を表す場合は, -ㄹ/을 생각이다に置き換えることができます。
(　　　　) に-ㄹ 것이다/을 것이다の形を書き入れてみましょう。

母音語幹 + ㄹ 것이다
ㄹ語幹 (ㄹの脱落) + ㄹ 것이다
子音語幹 + 을 것이다

어울리다　似合う　→ (　　　　　　　　)
열다　開ける, 開く　→ (　　　　　　　　)
남다　残る　→ (　　　　　　　　)

이 모자가 잘 어울릴 거야.

A : 언제 콘서트를 열 거예요?　B : 10월 중에 열 거예요(생각이에요).

카메라를 사고 돈이 남을 겁니다.

여행 가이드에 흥미가 생겼을 거예요.

ブログを読む ② Dさんは小さい時は警察官になりたかったそうです。

🔊55

내가 초등학생 때 우리 반 남자애들은 대개 연예인이나 운동선수가 되고 싶어 했다. 요즘은 로봇 엔지니어나 블로거, 유튜버가 인기라고 한다. 나는 어릴 때 경찰관이었던 할아버지를 좋아해서 크면 꼭 할아버지 같은 경찰관이 되고 싶었다.

그런데 고등학교 2학년 때 역사 선생님을 만난 뒤, 생각이 바뀌었다. 처음으로 교사가 되고 싶다고 생각했다. 부모님은 무엇보다 자기가 좋아하는 일을 하는 게 좋다고 말씀해 주셨다.

주말에 중학교 교사로 일하고 있는 서클 선배를 만나서 이런저런 이야기를 들어 봐야겠다.

単語と表現

🔊56

- □ 반　班，クラス
- □ 대개〔大概〕　たいがい
- □ -고 싶어 하다　～したがる
- □ 유튜버　ユーチューバー
- □ 경찰관　警察官
- □ 같다[갇따]　～のようだ，みたいだ
- □ 바뀌다　変わる
- □ 자기〔自己〕　自分，自身
- □ -(으)로　～として（助詞）
- □ 남자애(=아이)　男の子
- □ 운동선수　運動選手
- □ 블로거　ブロガー
- □ 인기[-끼]　人気
- □ 크다〈으〉　大きい，大きくなる
- □ 역사[-싸]　歴史
- □ 부모(님)〔父母〕　親，（ご）両親
- □ 말씀하다　お話しする，おっしゃる
- □ 이런저런　あれこれ，そんなこんな

「単語と表現」を参考に，日本語に訳しましょう。
また，声に出して何回も読んでみましょう。

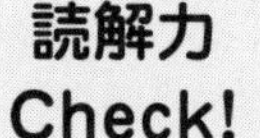

1) 요즘 초등학생들한테 어떤 직업이 인기가 있어요?
2) 글을 쓴 사람은 어렸을 때 뭐가 되고 싶었어요?
3) 교사가 되고 싶다고 생각했을 때 부모님은 뭐라고 하셨어요?
4) 주말에 뭘 할 예정이에요?

POINT 10-3 -았/었던 ～かった（＋名詞），～だった（＋名詞）

動詞の過去連体形は－ㄴ/은ですが，存在詞・形容詞・指定詞の過去連体形は－았/었던です。ただし，指定詞이다の過去連体形이었던は，母音終わりの名詞の後では縮約して－였던になります。
（　　　　）に았던/었던/했던の形を書き入れてみましょう。

陽母音（ㅏ, ㅗ）語幹＋았던	좋다	よい	→（　　　　　　　）것
陰母音（ㅏ, ㅗ以外）語幹＋었던	멋있다	素敵だ	→（　　　　　　　）사람
하다用言 → 했던	행복하다	幸せだ	→（　　　　　　　）시간

제일 좋았던 것은 블로거였다.

가장 멋있었던 사람은 우리 할아버지였다.

그때가 가장 행복했던 시간이었다.

가수였던 선배는 지금 대학 교수가 되었다.

POINT 10-4 -(ㄴ/는)다고 ～(する)と　（平叙文の引用・伝聞）

한다体の平叙形（－[ㄴ/는]다）に고をつけると，平叙文の引用・伝聞を表すことができます。作り方は，動詞の語幹＋ㄴ/는다고，形容詞・存在詞の語幹＋다고です（名詞文の引用・伝聞については⇒ 59 頁）。過去形の引用・伝聞は品詞を問わず－았/었다고です。－(ㄴ/는)다고 하다は「～という」「～だそうだ」の意味です。
（　　　　）に－ㄴ다고/는다고の形を書き入れてみましょう。

動 母音語幹＋ㄴ다고	주무시다	お休みになる	→（　　　　　　　）
ㄹ語幹（ㄹの脱落）＋ㄴ다고	벌다	（お金を）稼ぐ	→（　　　　　　　）
子音語幹＋는다고	믿다	信じる	→（　　　　　　　）

할아버지는 방에서 주무신다고 한다.

선배는 번역을 해서 돈을 번다고 했다.

부모님은 나를 믿는다고 하셨다.

사장님께서 그때 시간이 없었다고 하셨어요.

나는 역사 교사가 되고 싶다고 생각했다.

練習コーナー

10-1 例にならって,「～する時～するつもりです」という文を作ってみましょう。

例 시험을 보다 / 이 볼펜으로 쓰다

➡ 시험을 **볼 때** 이 볼펜으로 **쓸 생각이에요**.

① 선배를 만나다 / 이 문제를 의논하다

➡

② 인기가 있다 / 더 노력하다

➡

③ 고향을 떠나다 / 연락하지 않다

➡

④ 날짜를 정하다 / 부모님께 물어보다

➡

10-2 A:-ㄹ/을까요?(～でしょうか), B:-ㄹ/을 거예요(～でしょう)のやり取りを作り, 発音してみましょう。 57

例 내일도 춥다 ➡ A : **내일도 추울까요**?

B : 아마 **추울 거예요**.

① 시험에 붙다 ➡ A : ______________?

B : 꼭 ______________.

② 생각이 바뀌다 ➡ A : 아버지의 ______________?

B : 아마 ______________.

③ 좋은 결과가 나오다 ➡ A : ______________?

B : 아마 ______________.

10-3 Aの質問に, -ㄹ/을 겁니다(するつもりです)用いて対話を完成させ, 発音してみましょう。 58

例 A : 내년에 새 건물을 지을 거예요?

B : 네. 새 건물을 **지을 겁니다**.

① A : 진짜 회사를 그만둘 거예요?

B : 네. ______________.

② A : 부모님이 반대해도 가수가 될 거예요?

B : 네. 꼭 ______________.

③ A : 또 번역 일을 맡을 거예요?

B : 아뇨. 이번에는 안 ______________.

④ A : 혼자서 휴가를 보낼 거예요?

B : 아뇨. 가족과 함께 ______________.

10-4 次の文を引用文にしてみましょう。

例 "형제간에 아주 사이가 좋아요."

➡ 형제간에 아주 사이가 좋**다고 해요**.

① "약국 맞은편에 수건을 파는 가게가 있어요."

➡

② "10년 후에 가게 사장이 되고 싶어요."

➡

③ "지금부터라도 가능합니다."

➡

④ "곧 취직 활동을 시작할 거예요."

➡

10-5 連体形の -ㄹ/을もしくは -았/었던を用いて文を完成させ，日本語に訳しましょう。

지난주 일요일, 내가 집에 (① 있다 → 　　　　) 때의 일이다.
올해 들어서 가장 추운 날이었다.
나는 점심을 먹고 백화점에 (② 가다 → 　　　　) 예정이었다.
그런데 갑자기 누가 찾아왔다. 조카였다.
고등학생(③ 이다 → 　　　　) 조카가 결혼한다고 인사를 하러 찾아온 것이다.
조카가 고등학생(④ 이다 → 　　　　) 때 한 번 우리 집에 놀러 온 적이 있지만,
그 뒤로는 가끔 메일이나 전화로만 이야기를 했기 때문에 몹시 기뻤다.
10년 만에 본 조카는 밖에서 봤으면 알아보지 (⑤ 못하다 → 　　　　) 정도로
변해 있었다. (⑥ 결혼하다 → 　　　　) 사람은 다음에 소개해 주겠다고 했다.

▷ 가끔 たまに　－기 때문에 ～ゆえに（⇒ 97 頁）　알아보다 見分ける　변하다 変わる

10-6 10-5 と内容が合っていれば○を，合っていなければ×を付けてください。

① (　　　　) 그날 오후에 나는 백화점에 가려고 했다.
② (　　　　) 조카는 고등학생 때 여러 번 우리 집에 온 적이 있다.
③ (　　　　) 조카는 결혼할 사람과 같이 인사하러 왔다.
④ (　　　　) 조카하고는 전화나 메일로 연락을 주고받았다.

連体形のまとめ

連体形とは,「見る人」「時間がある日」のように, 用言(動詞・存在詞・形容詞・指定詞)が体言を修飾する形をいいます。品詞ごとに現在連体形, 過去連体形, 未来連体形を覚えなければなりません。

<table>
<tr><th></th><th>現在
～する～</th><th>過去
～した～</th><th>過去回想
～していた～</th><th>未来
～する, すべき～</th></tr>
<tr><td>動詞</td><td>-는</td><td>-ㄴ/은</td><td>-던</td><td rowspan="4">-ㄹ/을</td></tr>
<tr><td>存在詞</td><td>-는</td><td>-었던</td><td rowspan="3"></td></tr>
<tr><td>形容詞</td><td>-ㄴ/은</td><td>-았/었던
-했던</td></tr>
<tr><td>指定詞</td><td>-ㄴ</td><td>-었던*</td></tr>
</table>

*母音終わりの名詞のあとでは-이었던が縮約して-였던になります。

例 교사였던 엄마　教師だった母

◀ **注意点** ▶

※ㄹ語幹用言のㄹの脱落(⇒92頁)

動詞の現在連体形 -는 の前:

例 교토에 사는 분이에요.　京都に住んでいる方です。

動詞の過去連体形 -ㄴ の前:

例 교토에 산 적이 있어요.　京都に住んだことがあります。

形容詞の現在連体形 -ㄴ の前:

例 긴 치마를 하나 사려고 해요.　長いスカートをひとつ買おうと思います。

※品詞の区別

맛있다・맛없다・재미있다など있다・없다がついているのは形容詞ではなく, 存在詞です。

例 맛있는 김치　おいしいキムチ　　재미있는 영화　おもしろい映画

※ㄷ変則, ㅅ変則, ㅂ変則用言に -은 がつく時の変則活用

例 들은 이야기　聞いた話　　지은 집　建てた家　　추운 날　寒い日
(듣다)　　(짓다)　　(춥다)

連体形の活用練習

連体形のあとに適当な名詞をつけてみましょう。

	現在 〜する（＋名詞） 動・存＋는 形・指＋ㄴ/은	過去 〜した（＋名詞） 動＋ㄴ/은 存・形・指＋았/었던	未来 〜する時 -ㄹ/을 때
배우다 学ぶ	배우는 외국어	배운 한국어	배울 때
믿다 信じる			
놀다 遊ぶ			
길다 長い			
싫다 いやだ			
바쁘다〈으〉 忙しい			
맛있다 おいしい			
덥다〈ㅂ〉 暑い			
듣다〈ㄷ〉 聞く			
낫다〈ㅅ〉 治る			
학생이다 学生である			

連体形の은や을のときにも
変則が起こるんだね。

第11課 日記

学習目標：今日あったことについて書いてみる。
「〜だが」「〜く / になる」「〜したら」「〜ようだ」の表現を使ってみる。

数日後韓国語能力試験があるそうです。

11월 1일(금) 맑은 뒤 흐림

벌써 11월이다. 올해도 두 달밖에 남지 않았다. 지난주까지 더웠는데, 어젯밤에 비가 내린 뒤 갑자기 추워졌다. 또 태풍이 온다고 한다. 겨울 코트를 꺼내서 걸어 두어야겠다.

나는 사계절 중에서 겨울을 제일 좋아한다. 맑고 파란 겨울 하늘에 찬바람이 불어오면 기분이 상쾌해진다. 밤하늘의 별들도 더 아름답게 보인다.

며칠 뒤에 한국어능력시험이 있다. 선생님은 합격할 거라고 말씀해 주셨는데, 단어를 다 외우지 못해서 좀 걱정이다.

単語と表現

60

- □ 맑다 [막따] 晴れている，澄んでいる
- □ 흐림 曇り
- □ 올해 今年
- □ -달 〜カ月
- □ -밖에 (助詞) 〜しか (ない)
- □ 남다 [-따] 残る
- □ 어젯밤 [-젣빰] 昨夜
- □ 태풍 台風
- □ 코트 コート
- □ 꺼내다 取り出す
- □ 걸다 かける
- □ 사계절 [-게-]〔四季節〕 四季
- □ 파란 青い (＋名詞)
- □ 하늘 空，天 cf. 밤하늘 夜空
- □ 차다 冷たい
- □ 상쾌하다 爽快だ，さわやかだ
- □ 별 星
- □ 합격(하) [-껵] 合格

「単語と表現」を参考に，日本語に訳しましょう。
また，声に出して何回も読んでみましょう。

POINT 11-1 -는(ㄴ/은)데 ～だが，～のに，～だし （前置き・逆接）

前置きや逆接を表す接続語尾。作り方は基本的に「現在連体形＋데」の形で，過去形は品詞を問わず-았/었는데です。
（　　　　）に-는(ㄴ/은)데や-았/었는데の形を書き入れてみましょう。

動・存 語幹＋는데 形・指 語幹＋ㄴ/은데	내리다	下りる，(雨が) 降る	→（　　　　　　　　　）
	흐리다	曇っている	→（　　　　　　　　　）
すべての語幹＋았/었는데	맑다	晴れている	→（　　　　　　　　　）
	나타나다	現れる	→（　　　　　　　　　）

비가 내리는데 어디 가요?

날씨가 흐린데 우산 안 가져가요?

아까까지 맑았는데 갑자기 비가 오네.

이상한 사람이 나타났는데 어떡하죠.

☞「～だが（しかし）は -지만（⇒9頁）で表現します。

POINT 11-2 -아/어지다 ～く / になる （変化）

形容詞の語幹について「～く / になる」という状態の変化を表す表現。なお，形容詞の語幹に-아/어지다がつくと動詞になります。
（　　　　）に-아지다/어지다/해지다の形を書き入れてみましょう。

陽母音（ㅏ, ㅗ）語幹＋아지다	좋다	よい	→（　　　　　　　　　）
陰母音（ㅏ, ㅗ以外）語幹＋어지다	젊다	若い	→（　　　　　　　　　）
하다用言 → 해지다	편안하다	安らかだ	→（　　　　　　　　　）

연습하면 발음이 더 좋아질 거예요.

할머니, 요즘 젊어지셨네요.

바다를 보고 있으면 마음이 편안해진다.

☞「名詞＋になる」は -가/이 되다で表現します。

例 문제가 됐어요. 問題になりました。

ブログを読む ②
試験の日，Rさんは朝寝坊をしたようです。

11월 10일(일) 하루 종일 비

　오늘은 시험이 있는 날인데 늦잠을 잤다. 눈을 뜨니까 8시였다. 창밖에는 비가 내리고 있었다. 세수하고 이를 닦고 바로 집을 나왔다. 비가 오는데 우산을 들고 뛰는 사람은 나밖에 없었다.

　교실에 도착하니까 9시 10분 전이었다. 땀이 나서 손수건을 찾았지만 안 가지고 온 것 같았다. 하는 수 없이 휴지를 찾았지만 휴지도 없었다.

　시험장에는 중학생으로 보이는 학생부터 나 같은 대학생, 주부, 나이 드신 할머니와 할아버지 등, 다양한 연령층의 사람들이 앉아 있었다. 곧 시험이 시작되는 벨 소리가 났다.

単語と表現

- □ 하루 종일　一日中
- □ 뜨다　(目を) 開く
- □ 이를 닦다　歯を磨く
- □ 도착(하)　到着，着く
- □ 하는 수 없이　仕方なく
- □ 시험장〔試験場〕　試験会場
- □ 주부　主婦
- □ 다양하다　多様だ
- □ 벨　ベル
- □ 늦잠을 자다　朝寝坊をする
- □ 세수(하)〔洗手〕　洗顔
- □ 뛰다　走る
- □ 땀이 나다　汗が出る
- □ 휴지〔休紙〕　ティッシュペーパー
- □ 보이다　見える
- □ 나이(가) 들다　歳を取る
- □ 연령층[열--]　年齢層
- □ 소리가 나다　音がする，声がする

「単語と表現」を参考に，日本語に訳しましょう。
また，声に出して何回も読んでみましょう。

読解力 Check!

1) 아침을 눈을 뜨니까 몇 시였어요?
2) 시험장에 도착한 건 몇 시였어요?
3) 손수건과 휴지는 가방에 있었어요?
4) 시험장에는 어떤 사람들이 있었어요?

POINT 11-3 -(으)니까① ～したら，～すると （状況の前置き・気付き）

状況の前置きや理由などを表す接続語尾。ここでは状況の前置きの用法について学びます（理由の用法については⇒ 103 頁）。「～したら」「～すると」を表す-(으)니까は仮定ではなく，すでに実現されたことについて使います。主に「～してみたら～（ということに気づいた）というパタンで用います。

（　　　）に-니까/으니까の形を書き入れてみましょう。

母音語幹＋니까	뜨다	（目を）開く	→（　　　　　）
ㄹ語幹（ㄹの脱落）＋니까	열다	開ける，開く	→（　　　　　）
子音語幹＋으니까	감다	（目を）閉じる	→（　　　　　）

눈을 뜨니까 8시였다.

문을 여니까 눈이 내리고 있었다.

눈을 감으니까 그날 일이 생각났다.

POINT 11-4 -것 같다 ～ようだ （様態・推量）

「連体形＋것 같다」の形で様子や推量などに用います。自分の考えを遠回りに表現する時にもよく使われます。

（　　　）に現在連体形・過去連体形＋것 같다の形を書き入れてみましょう。

現在連体形（는·ㄴ/은）＋것 같다	꾸다	（夢を）見る	→（　　　　　）
	좁다	狭い	→（　　　　　）
過去連体形（ㄴ/은·았/었던）＋것 같다	틀리다	間違える	→（　　　　　）
	편하다	楽だ，便利だ	→（　　　　　）

꿈을 꾸는 것 같다.

방이 좀 좁은 것 같네요.

문법 문제는 한 개 틀린 것 같았다.

서울은 지하철이 편했던 것 같아요.

☞ 名詞＋같다で「～のようだ」「～みたいだ」

例 이건 진짜 같아요.　これは本物のようです。

練習コーナー

11-1 -는(ㄴ/은)데 -ㄹ/을까요? を用いて,「～んですが～しましょうか」の文を作りましょう。

例 배가 고프다 / 뭐라도 먹다
➡ 배가 고픈데 뭐라도 먹을까요?

① 옷이 없다 / 양복 한 벌 사다
➡

② 비가 오다 / 식당까지 뛰어가다
➡

③ 땀이 나다 / 손수건을 드리다
➡

11-2 -는(ㄴ/은)데 -ㄹ/을 거예요? を用いて,「～のに～するつもりですか」の文を作りましょう。

例 배가 고프다 / 밥 안 하다
➡ 배가 고픈데 밥 안 할 거예요?

① 열도 있다 / 학교에 가다
➡

② 태풍이 오다 / 밖에 나가다
➡

③ 날씨가 차다 / 코트를 안 입고 가다
➡

11-3 「～したら～く / になるでしょう」「～したら～く / になりました」という文を作り, 発音してみましょう。

例 친구한테 얘기하다 / 마음이 가볍다
➡ 친구한테 얘기하면 마음이 가벼워질 거예요.
➡ 친구한테 얘기하니까 마음이 가벼워졌어요.

① 말하지 않다 / 마음이 무겁다
➡
➡

② 조금만 노력하다 / 사이가 좋다
➡
➡

③ 얘기를 들어 주다 / 인기가 많다
➡
➡

11-4 ソウルに行ってきました。例にならって，「～ようです」と言ってみましょう。

날씨가 따뜻하다	지하철이 싸다	외국인이 많이 일하고 있다
여름에는 덥다	아파트가 많이 있다	재미있는 일이 많다
겨울에는 춥다	김치찌개가 맛있다	활기가 넘치다
밤늦게까지 놀다	(自由に)	

例 〈　　　　　　　　　〉는(ㄴ/은) 것 같아요.

11-5 二人のやり取りを読んで，内容と合っていれば○を，合っていなければ×を付けてください。

료타: 너도 시험 봤어?
나는 너 못 봤는데? 시험장이 어디였어?

유리: 너랑 같은 곳이었는데,
교실이 달라서 못 본 것 같아.

료타: 나는 시험 시작하기 바로 전에 도착했거든.
시험은 쉬웠어? 나는 듣기가 좀 어려웠던 것 같아.

유리: 나는 듣기보다 문법이 어려웠어.
아무래도 떨어진 것 같아.
선생님한테 들었는데
이번 시험은 지난번보다 어려웠다고 해.

① (　　　) 유리도 료타와 같은 시험장에서 시험을 봤다.

② (　　　) 료타는 시험이 시작된 뒤 교실에 들어갔다.

③ (　　　) 료타는 듣기가 좀 어려웠다고 한다.

④ (　　　) 유리는 듣기도 문법도 다 어려웠다고 했다.

11-6 今まで学んだポイントを用いて，「今日あったこと」について書いてみましょう。（7行～10行ほど）

第12課 # 外国語の勉強

学習目標：「韓国語の学習」について書いて，発表する。
-겠や「～でも」「～ように」「～(する) のに」の表現を使ってみる。

試験は聞き取りが難しかったそうです。

지난주에 본 한국어능력시험의 답안을 맞춰 본 결과, 나는 겨우 붙은 것 같다. 문법은 그다지 어렵지 않았는데 역시 듣기가 어려웠다. 듣기는 너무 빨라서 알아듣기 힘들었다. 발음 문제는 두 개나 틀렸지만, 회화 문제는 다 맞아서 기분이 좋았다.

같이 시험을 본 친구는 문법 문제를 많이 틀려서 떨어진 것 같다고 했다. 하지만 다음에는 붙을 자신이 있다고 해서 필요하면 내 문제집을 빌려주겠다고 했다. 우리는 다음 주에 맛있는 한국 요리라도 먹으러 가기로 했다. 뭘 먹을까? 떡볶이하고 냉면을 먹을까? 생각만 해도 즐겁다. ㅎㅎ

単語と表現

64

□ 답안　答案
□ 겨우　やっと，かろうじて
□ 그다지　それほど
□ 빠르다〈르〉　速い，早い
□ -기 힘들다　～しづらい
□ 맞다[맏따]　合っている，正しい
□ 자신①　自信
□ 문제집　問題集
□ 한국 요리[-궁뇨-]　韓国料理
□ 맞추다　合わせる
□ 문법[-뻡]　文法
□ 듣기[-끼]　聞き取り
□ 알아듣다〈ㄷ〉　聞き取る，聞いてわかる
□ 틀리다　間違える
□ 시험을 보다　試験を受ける
□ 필요하다　必要だ
□ 빌려주다　貸す
□ 즐겁다[--따]　楽しい

「単語と表現」を参考に，日本語に訳しましょう。
また，声に出して何回も読んでみましょう。

POINT 12-1 −겠− 意志・推量などの補助語幹

語幹や補助語幹（尊敬・過去）について，意志や推量，控え目な気持ち，予告など多様な意味合いを持たせる補助語幹。**−(으)시겠어요?** は相手の意向を尋ねる時に用います。

（　　　　）に**−겠**や**−(으)시겠**，**−았/었/했겠**の形を書き入れてみましょう。

語幹＋겠−	알(　　)습니다.	（控え目な気持ち）承知いたしました
	비가 오(　　)습니다.	（予告）雨が降るでしょう
	빌려주(　　)습니다.	（意志）貸します
語幹＋(으)시겠−	가(　　　)어요?	（意向の確認）行かれますか？
	힘드(　　　)어요.	（推量）つらいでしょう
語幹＋았/었/했겠−	도착(　　　)다.	（推量）到着しただろう

잘 알겠다고 대답했다.

내 책을 빌려주겠다고 했다.

시험 때문에 많이 힘드시겠어요.

아빠는 벌써 한국에 도착했겠다.

POINT 12-2 −(이)라도 〜でも （助詞）

名詞や助詞（**까지, 만**など）について，不十分であるが容認することを表す助詞。

（　　　　）に**−라도/이라도**形を書き入れてみましょう。

母音体言＋라도	연락처(　　　)	連絡先でも
ㄹ体言　＋이라도	한국말(　　　)	韓国語でも
子音体言＋이라도	문제집만(　　　)	問題集だけでも

연락처라도 알려 주시겠어요?

영어는 못해요. 한국말이라도 괜찮아요?

문제집만이라도 풀면 좋아요.

이달 말까지라도 괜찮아요. 꼭 부탁드려요.

☞「韓国語でも英語でも」の「でも」は −(이)나を用いて **한국말이나 영어나**と言います （⇒25頁）。

外国語の勉強で大切なのは声に出して読むことです。

한국어는 고등학생 때부터 공부했다. 고등학교 때 선생님은 단어나 문법도 중요하지만, 초급에서는 무엇보다 소리 내서 많이 읽는 게 중요하다고 하셨다. 그것도 천천히 읽는 게 아니라 한국 사람이 읽는 것처럼 빨리 읽는 연습을 많이 시키셨다.

처음에는 따라 읽는 게 힘들었지만 점차 선생님과 같은 스피드로 읽을 수 있게 됐다. 그랬더니 한국 드라마의 대사를 조금씩 알아들을 수 있게 됐다. 정말 기뻤다. 중급까지 오는 데 3년 정도 걸린 것 같다.

요즘은 유튜브를 자주 본다. 어린이용 프로그램이나 옛날이야기, 여행지에서 촬영한 것도 재미있다.

単語と表現

66

□ 중요하다　重要だ，大切だ	□ 초급　初級
□ 소리(를) 내다　声に出す	□ 천천히 [-처니]　ゆっくり(と)
□ 시키다　させる，注文する	□ 따라 읽다 [익따]　後について読む
□ 점차　次第に	□ 같다 [갇따]　同じだ
□ 스피드　スピード	□ 그랬더니 [-랟떠-]　そうしたら，そうすると
□ 대사　台詞，セリフ	□ 기쁘다〈으〉　うれしい
□ 중급　中級	□ 자주　しょっちゅう，しばしば
□ 어린이용　子ども用	□ 옛 [옏] 날이야기　昔話
□ 여행지〔旅行地〕　旅先	□ 촬영(하)　撮影

「単語と表現」を参考に，日本語に訳しましょう。
また，声に出して何回も読んでみましょう。

読解力 Check!

1) 이 글을 쓴 사람은 언제부터 한국어를 공부했어요?
2) 고등학교 때 한국어 선생님이 뭐라고 하셨어요?
3) 중급까지 오는 데 얼마나 걸렸어요?
4) 요즘은 유튜브로 어떤 프로그램을 보고 있어요?

POINT 12-3 -것처럼 ～(するかの) ように

「連体形＋것＋처럼」が結合した慣用表現。처럼は「～のように」(⇒7頁) という意味の助詞です。
(　　　) に現在連体形・過去連体形＋것처럼の形を書き入れてみましょう。

現在連体形 (는·ㄴ/은) ＋ 것처럼	모르다	知らない	→ (　　　　　　　　)
	싫다	いやだ	→ (　　　　　　　　)
過去連体形 (ㄴ/은·았/었던) ＋ 것처럼	다치다	けがをする	→ (　　　　　　　　)
	적다	少ない	→ (　　　　　　　　)

그는 나를 모르는 것처럼 행동했다.

아주 싫은 것처럼 말했다.

허리를 다친 것처럼 보였다.

지난달보다 돈이 적었던 것처럼 말했다.

POINT 12-4 -는 데 ～(する) のに (目的)

動詞の現在連体形 -는に, 데がついた慣用表現。「～(する) のに」という目的を表します。-는の後は一文字空けて分かち書きをします。
(　　　) に-는 데の形を書き入れてみましょう。

動 語幹＋는 데	올라가다	上る	→ (　　　　　　　　)
	내려가다	下りる	→ (　　　　　　　　)
	닦다	拭く, 磨く	→ (　　　　　　　　)

14층까지 올라가는 데 2,3분쯤 걸려요.

1층까지 내려가는 데 좀 시간이 걸린다고 했다.

이건 테이블을 닦는 데 쓰는 겁니다.

번역하는 데 한 달이면 될까요?

청소하는 데 30분이면 된다고 했다.

☞ くっつけて書く -는데については ⇒ 81 頁。

練習コーナー

12-1 -겠습니다を用いて対話文を完成し，発音してみましょう。 67

例 A：삼겹살 먹으러 같이 갈래요?
B：좋죠. 저도 가겠습니다.

① A：저희랑 같이 한국어 공부할래요?
B：네. 저도 같이 ＿＿＿＿＿＿＿＿＿＿＿＿＿.

② A：시험 문제를 같이 풀어 볼래요?
B：좋아요. 같이 ＿＿＿＿＿＿＿＿＿＿＿＿＿.

③ A：그럼 답을 맞춰 볼래요?
B：답은 저 혼자 ＿＿＿＿＿＿＿＿＿＿＿＿＿.

12-2 -(으)시겠어요?を用いて対話文を完成し，発音してみましょう。 68

例 A：그 여성 잡지 좀 (빌려주다 → 빌려주시겠어요) ?
B：네. 여기 있어요.

① A：32페이지를 (펴다 → 　　　　　　　)?
B：네. 알겠습니다.

② A：음료수라도 (드시다 → 　　　　　　　)?
B：아니, 괜찮아요.

③ A：음악이라도 (듣다〈ㄷ〉 → 　　　　　　　)?
B：아뇨, 괜찮습니다.

④ A：바쁘시겠지만 좀 (앉다 → 　　　　　　　)?
B：바로 가야 해요.

12-3 -(이)라도 -는(ㄴ/은)것처럼 말했어요を用いて，「～でも～ように言っていました」という文を作ってみましょう。

例 누구 / 문제없다
➡ 누구라도 문제없는 것처럼 말했어요.

① 언제 / 시간이 있다
➡

② 뭐 / 다 잘 먹다
➡

③ 어디 / 괜찮다
➡

④ 무슨 일 / 할 수 있다
➡

12-4 -는 데を用いて対話文を完成し，発音してみましょう。

69

例 A：이건 뭐예요?

B：테이블을 (닦다 → 닦는 데) 쓰는 거예요.

① A：결혼식을 (올리다 → 　　　　　　　　) 돈이 많이 들어요?

B：아니, 그다지 많이 들지 않아요.

② A：이 영화, (촬영하다 → 　　　　　　　　) 얼마나 걸렸어요?

B：5년쯤 걸렸어요.

③ A：빨리 내려와요.

B：좀 기다려요. (내려가다 → 　　　　　　　　) 좀 시간이 걸려요.

④ A：한 달에 얼마 정도 써요.

B：(생활하다 → 　　　　　　　　) 쓰는 돈은 얼마 안 돼요

12-5 二人のやり取りを読んで，内容と合っていれば○，合っていなければ×を付けてください。

료타

나는 K팝을 좋아해서 고등학생 때부터 한국어를 공부했어. 노래를 다 외웠어.

유리

난 엄마가 한국 드라마를 좋아해서 같이 보기 시작했거든. 난 주로 유튜브로 공부했어.

료타

내가 좋아하는 가수의 콘서트가 있는데 같이 안 갈래?

유리

나도 한번 가 보고 싶어. 근데 표가 비싸지 않아? 난 돈이 없어서….

① (　　) 유리는 K팝을 좋아해서 한국어를 공부하기 시작했다.

② (　　) 료타는 유튜브를 보고 노래를 외웠다고 한다.

③ (　　) 료타는 전부터 K팝 가수를 좋아했다.

④ (　　) 유리도 K팝 가수의 콘서트에 가 본 적이 있다.

12-6 今まで学んだポイントを用いて，「韓国語の学習」について書いてみましょう。また，発表してみましょう。（7行～10 行ほど）

もっと知りたい！ ㄹ(リウル)語幹用言

살다（住む）・만들다（作る）・길다（長い）など，語幹（基本形から다を除いた部分）末にㄹがある用言のことを「ㄹ語幹用言」といいます。ㄹ語幹用言は，「ㅂ」「시」「ㄴ」と「ㄹ」で始まる語尾がつく時にㄹが脱落します。具体的には次のような場合です。

- ㅂ ➡ ㅂ니다, ㅂ니까?, ㅂ시다（～しましょう）
- ㅅ ➡（尊敬の시がつく）십니다, 십니까 ?, 세요 など
- ㄴ ➡ ㄴ（連体形）, 는（連体形）, ㄴ다（한다体）, ㄴ다고（引用・伝聞）, 니까 など
- ㄹ ➡ ㄹ（連体形）, ㄹ 때, ㄹ까(요), ㄹ래(요), ㄹ게(요), ㄹ 수 있다 など

	-세요? ～していらっしゃいますか	-ㅂ니다 ～ます ～です	-ㄹ까요? ～しましょうか ～でしょうか	-ㄴ다 ～である
살다 住む	사세요	삽니다	살까요?	산다
길다 長い	기세요	깁니다	길까요	길다*
열다 開く				
벌다 稼ぐ				
만들다 作る				
힘들다 辛い				
들다 持つ				
늘다 増える				

* 形容詞の한다体は「語幹＋다」なので，基本形と同じ形になります（⇒ 50 頁）。

漢字語②

漢字語の語頭の音と韓国語の初声との対応関係を見てみましょう。

1. カ・ガ行音＝ㄱ・ㅎ

例 気温 기온　　歌詞 가사　　価値 가치
　 韓流 한류[할류]　　解決 해결　　興味 흥미

2. ハ行音・パ行音＝ㅂ・ㅍ　cf. バ行音＝ㅁ

例 比較 비교　　費用 비용　　雰囲気 분위기
　 判断 판단　　被害 피해　　皮膚 피부
cf. 文学 문학　　母音 모음　　舞踊 무용

3. ナ行音＝ㅇ・ㄴ

例 人気 인기[인끼]　　年間 (년간) → 연간*　　熱 (렬) → 열*
　 濃音 농음　　農民 농민　　能力 능력
　 *頭音法則：ㅑ/ㅕ/ㅛ/ㅠ/ㅣ母音に先行する初声「ㄴ」「ㄹ」は脱落し，「ㅇ」になる。

4. ラ行音＝ㅇ・ㄴ

例 利益 (리익) → 이익*　　料金 (료금) → 요금*　　流行 (류행) → 유행*
　 論文 논문　　労働 노동　　楽観 낙관

練習 日本語の意味を考えてみましょう。（答えは⇒ 65 頁）

① 가격	② 개발	③ 과학
④ 현금	⑤ 훈련	⑥ 화장품
⑦ 박사	⑧ 반장	⑨ 발생
⑩ 일기	⑪ 인정	⑫ 농업
⑬ 논리	⑭ 노동	⑮ 녹음
⑯ 이익	⑰ 연애	⑱ 영수증

65頁の **練習** の答え

① 失敗　② 出発　③ 撮影　④ 主人　⑤ 人間　⑥ 注文　⑦ 政治　⑧ 中央　⑨ 上級　⑩ 感謝
⑪ 試験　⑫ 音楽　⑬ 出席　⑭ 体育　⑮ 組織

第13課 # 天気

学習目標：天気について説明する。
「～のではなく」「～前に」「～ために」「～しそうだ」の表現を使ってみる。

かけがえのない地球を守ろう！

날씨가 이상하다. 한국의 겨울 날씨를 나타내는 삼한사온은 이제 옛말이 되었다. 일주일째 영하의 날씨가 이어지고 있다.

올해는 따뜻한 겨울이라고 했는데, 지난주부터 갑자기 기온이 영하로 내려가 버렸다. 내일은 영하 18도까지 내려간다고 한다. 제주도는 겨울에도 영하로 내려가는 일이 거의 없는 곳인데, 내일은 영하 5도까지 내려가서 아주 추울 거라고 한다.

이상 기온은 이제 일상적인 일이 되어 버렸다. 어쩔 수 없다고 손을 놓고 있을 게 아니라, 더 늦기 전에 하나밖에 없는 지구를 지키는 행동에 나서야 할 것이다.

単語と表現

71

- □ 날씨　天気，気候
- □ 나타내다　表す
- □ 옛말 [옌-]　昔の言葉
- □ 영하　零下
- □ 따뜻하다 [-뜨타-]　暖かい
- □ 제주도　済州道（地名）
- □ 이상 기온　異常気温
- □ 어쩔 수 [쑤] 없다　仕方ない
- □ 지구를 지키다　地球を守る
- □ 이상하다　おかしい，異常だ，変だ
- □ 삼한사온　三寒四温
- □ 째　～目，～間（ずっと）
- □ 이어지다　続く
- □ 내려가다　下がる，下りる
- □ 곳　ところ，場所
- □ 일상적 [-쌍-]　日常的
- □ 손을 놓다 [노타]　手をこまねく
- □ 행동에 나서다　行動に出る

「単語と表現」を参考に，日本語に訳しましょう。
また，声に出して何回も読んでみましょう。

POINT 13-1 −ㄹ/을 게 아니라 〜するのではなく，〜しないで，〜せずに

「〜するのではなく」「〜しないで」「〜せずに」にあたる慣用表現。**게**は**것이**の縮約形です。
（　　　）に**−ㄹ 게 아니라/을 게 아니라**の形を書き入れてみましょう。

母音語幹＋ㄹ 게 아니라	하다	する，言う	→（　　　　　　　　）
ㄹ語幹（ㄹの脱落）＋ㄹ 게 아니라	팔다	売る	→（　　　　　　　　）
子音語幹＋을 게 아니라	서 있다	立っている	→（　　　　　　　　）

말만 할 게 아니라 행동을 보여 주세요.

지금 집을 팔 게 아니라 좀 더 기다려 봐요.

여기 서 있을 게 아니라 저쪽에 앉을까요?

☞ 名詞には −가/이 아니라（〜ではなく）がつきます。

例 커피가 아니라 홍차 주세요.　コーヒーではなく紅茶をください。

POINT 13-2 −기 전에 〜する前に，〜である前に

「〜する前に」「〜である前に」にあたる慣用表現。**기**の後ろは一文字あけて，分かち書きをすることに注意しましょう。（**−기**については ⇒ 106 頁）
（　　　）に**−기 전에**の形を書き入れてみましょう。

語幹＋기 전에	나서다	（外・前へ）出る	→（　　　　　　　　）
	주무시다	お休みになる	→（　　　　　　　　）
	찍다	撮る，（はんこを）押す	→（　　　　　　　　）
	간호사이다	看護師である	→（　　　　　　　　）

행동에 나서기 전에 잘 생각해요.

할머니, 주무시기 전에 불을 끄세요.

도장을 찍기 전에 반드시 읽어 보세요.

간호사이기 전에 저희도 사람입니다.

PLUS ＋ ONE

−기 전이다は「〜する前だ」という意味です。

例 도장을 찍기 전이죠?　はんこを押す前ですよね。

春の風景

요즘은 매일같이 일기예보를 본다. 오늘은 무슨 옷을 입을까, 빨래를 해도 될까, 마스크를 쓰고 나갈까 등등. 일기예보를 확인하지 않으면 하루가 시작되지 않는다.

봄이 오면 늘 황사와 꽃가루 때문에 고생하는데, 이제 미세 먼지가 문제다. 중국 베이징에서는 맑은 하늘을 보기 어렵다는 이야기를 몇 년 전에 들은 적이 있는데, 이제 서울도 남의 얘기가 아니게 되었다. 미세 먼지가 중국에서 바람을 타고 한반도로 오기 때문에 어쩔 수 없다는 얘기도 있지만, 국내에도 여러 원인이 있을 것이다. 당분간은 마스크를 계속 써야 할 것 같다.

単語と表現

73

- □ 같이[가치]　～のように（助詞）
- □ 빨래(하)　洗濯（物）
- □ 확인(하)　確認
- □ 늘　常に，いつも
- □ 꽃가루[꼳까-]　花粉
- □ 미세 먼지〔微細--〕　PM2.5
- □ 이야기(=얘기)　話
- □ 한반도　韓半島
- □ 원인　原因
- □ 일기예보〔日気予報〕　天気予報
- □ 마스크를 쓰다　マスクをする
- □ 하루　一日
- □ 황사　黄砂
- □ 고생(하)　苦労，難儀
- □ -기(가) 어렵다 ～しにくい
- □ 남　他人
- □ 국내[궁-]　国内
- □ 당분간　当分の間

「単語と表現」を参考に，日本語に訳しましょう。
また，声に出して何回も読んでみましょう。

読解力 Check!

1) 요즘 매일같이 확인하는 건 뭐예요?
2) 왜 매일 일기예보를 보고 있어요?
3) 봄이 오면 무엇 때문에 고생해요?
4) 몇 년 전에 어떤 이야기를 들었어요?

POINT 13-3 -기 때문에 ～するために，～するゆえに （理由）

「～するために」「～するゆえに」という理由をあらわす表現。**-았/었기 때문에**の形もよく使われます。**-기 때문이다**（～するからだ）も併せて覚えておきましょう。

（　　　）に**-(았/었)기 때문에**の形を書き入れてみましょう。

語幹＋기 때문에	떠나다	離れる，立つ	→（　　　）
	가깝다	近い	→（　　　）
語幹＋았/었기 때문에	깊다	深い	→（　　　）
	옳다	正しい	→（　　　）

내일 떠나기 때문에 만날 수 없습니다.

여기서 가깝기 때문에 걸어가도 됩니다.

강물이 깊었기 때문에 들어갈 수 없었다.

그 말이 옳았기 때문에 나는 아무 말도 할 수 없었다.

PLUS ＋ ONE

-기 위해(서)　～するために（目的）

例 살기 위해서 일한다.　生きるために働いている。

POINT 13-4 -ㄹ/을 것 같다 ～しそうだ （様態・推量）

未来連体形＋**것 같다**の形で，今にも起こりそうなことや推量などに使います。ㄹ語幹用言はㄹが消えて，**-ㄹ 것 같다**がつきます。

（　　　）に**-ㄹ 것 같다/을 것 같다**の形を書き入れてみましょう。

母音語幹＋ㄹ 것 같다	못 가다	行けない	→（　　　）
ㄹ語幹（ㄹの脱落）＋ㄹ 것 같다	울다	泣く	→（　　　）
子音語幹＋을 것 같다	넘다	越える，（時が）過ぎる	→（　　　）

저는 일이 있어서 못 갈 것 같아요.

여자애가 울 것 같은 얼굴로 서 있었다.

20킬로가 넘을 것 같다고 했다.

☞ 못 -ㄹ/을 것 같다で「～しそうもない」

例 내일은 못 만날 것 같아요.　明日はお会いできそうもありません。

練習コーナー

13-1 「〜せずに〜しましょうか」という文を作ってみましょう。

例 차를 마시다 / 맥주라도 마시다
➡ 차를 마실 게 아니라 맥주라도 마실까요?

① 생각만 하다 / 계획을 세워 보다
➡

② 걱정만 하다 / 직접 확인해 보다
➡

③ 손을 놓고 있다 / 뭐라도 해 보다
➡

④ 그냥 놀다 / 청소라도 하다
➡

13-2 「〜したために〜するしかなかった」という文を作ってみましょう。

例 시간이 없다 / 택시를 타다
➡ 시간이 없었기 때문에 택시를 탈 수밖에 없었다.

① 돈이 모자라다 / 돈을 빌리다
➡

② 미세 먼지가 심하다 / 마스크를 쓰다
➡

③ 문제가 생기다 / 행동에 나서다
➡

④ 더운물이 안 나오다 / 찬물로 씻다
➡

13-3 例にならって，「〜する前に〜いたします」と言ってみましょう。

자기 방을 청소하다	친구를 만나다	할머니께 전화하다
돈을 벌다	사무실에 나가다	머리를 자르다
결혼하다	시장에 가다	잠을 자다
집을 짓다〈ㅅ〉	목욕하다	(自由に)

例 〈잠을 자〉기 전에 〈할머니께 전화하〉겠습니다.

13-4 -ㄹ/을 것 같아요を用いて対話を完成させ，発音してみましょう。 74

例 A：하늘을 보니까 눈이 (오다 → 올 것 같아요).
B：정말? 눈이 오면 좋겠어요.

① A：시험에 붙을 수 있어요?
B：아뇨, (떨어지다 →).

② A：밤 12시인데 아직까지 안 자고 뭐 해요?
B：자료를 만들어야 해서 못 (자다 →).

③ A：아직도 담배를 안 끊었어요?
B：담배는 못 (끊다 →).

13-5 二人のやり取りを読んで，内容と合っていれば○を，合っていなければ×を付けてください。

료타: 오늘 너무 추운데 내일 만날까?
여기는 영하 5도야.

유리: 여기는 영하 8도까지 내려갔어.
방 안에 있어도 너무 추워서 벌써 집을 나왔거든.

료타: 어디? 지금 오는 중이야?
그럼 약속한 시간에 나가야겠네.

유리: 지금 가고 있어. 전철 안이야.
약속 장소로 가기 전에 볼일이 있어서
20분쯤 늦을 것 같아.

① ( ) 료타는 오늘 너무 추워서 유리를 내일 만나기로 했다.
② ( ) 유리가 사는 곳은 영하 8도까지 내려갔다고 한다.
③ ( ) 유리는 전철을 타고 약속 장소로 가는 중이다.
④ ( ) 유리는 볼일이 있어서 일찍 집을 나왔다.

13-6 今日の天気について説明してみましょう。

例 오늘은 어제보다 더 추운 것 같아요.

第 14 課 人生相談

学習目標： 相談する。助言する。
「～してから」「～したほうがよい」「～だから」「～するには」の表現を使ってみる。

何もしたくない毎日が続いています。

취직한 지 5년째인 20대 남성입니다. 새로운 프로젝트 팀에 들어간 뒤 3개월째 매일같이 야근을 하고 있습니다. 집에 가면 밤 12시, 너무 피곤해서 목욕도 못 하고 그냥 잘 때도 있습니다.

며칠 전에 병원에서 업무 스트레스로 인한 가벼운 우울증이라는 진단을 받았습니다. 의사 선생님은 규칙적인 운동이나 취미 생활을 하는 게 좋다고 하셨어요. 그렇지만 저는 아무것도 하고 싶지 않습니다. 내가 왜 이렇게 살아야 할까? 그런 생각을 하는 날이 많아졌습니다.

직장을 그만두는 게 좋을까요? 조언을 부탁드립니다.

単語と表現

76

- □ 취직(하) 就職
- □ 새롭다[--따]〈ㅂ〉 新しい
- □ 야근 夜勤
- □ 피곤하다 疲れている
- □ 업무[엄-] 業務
- □ 가볍다[--따]〈ㅂ〉 軽い
- □ -(이)라는 ～という（＋名詞）
- □ 규칙적[--쩍] 規則的
- □ 그런 そんな，そのような
- □ 그만두다 やめる
- □ 대 代，～代
- □ 팀 チーム
- □ 너무 あまり，あまりにも
- □ 그냥 ただ，そのまま
- □ -(으)로 인한 ～による
- □ 우울증〔憂鬱症〕[--쯩] うつ病
- □ 진단 診断
- □ 이렇게[-러케] このように
- □ 직장[-짱] 職場，会社
- □ 조언(하) 助言

「単語と表現」を参考に，日本語に訳しましょう。
また，声に出して何回も読んでみましょう。

POINT 14-1 -ㄴ/은 지 ～して，～してから (時間の経過)

「～して，～してから」という時間の経過を表す表現。-ㄴ/은の後は一文字空けて書きます。-ㄴ/은 지の後には-가, -는, -도などの助詞がつくこともあります。
(　　　　)に-ㄴ 지/은 지の形を書き入れてみましょう。

母音語幹＋ㄴ 지	일하다	働く	→(　　　　　　　　)
ㄹ語幹 (ㄹの脱落)＋ㄴ 지	살다	住む，暮らす	→(　　　　　　　　)
子音語幹＋은 지	주고받다	やり取りをする	→(　　　　　　　　)

여기서 일한 지도 벌써 1년이 지났다(넘었다).

이 아파트에서 산 지 20년이 된다.

연락을 주고받은 지는 얼마 안 돼요.

☞ -ㄴ/은 지の後には지나다(過ぎる), 되다(なる), 넘다(過ぎる)など，期間を表す動詞しか来ないという制限があります。

例 ご飯を食べてからテレビを見た。 × 밥을 먹은 지 텔레비전을 봤다.
○ 밥을 먹은 뒤에 텔레비전을 봤다.

POINT 14-2 -는 게 좋다 ～したほうがいい

「～したほうがいい」にあたる慣用表現。過去連体形ではなく，現在連体形の는が使われているのに注意しましょう。게は것이の縮約形です。
(　　　　)に-는 게 좋다の形を書き入れてみましょう。

動 語幹＋는 게 좋다 (ㄹ語幹はㄹの脱落)	남기다	残す	→(　　　　　　　　)
	걸다	(電話を)かける	→(　　　　　　　　)
	걷다	歩く	→(　　　　　　　　)

메모를 남기는 게 좋을까요?

우선 전화를 거는 게 좋지 않을까요?

매일 30분 정도 걷는 게 좋겠어요.

PLUS＋ONE

形＋ㄴ/은 게 좋다　～ほうがよい
例 저는 작은 게 좋아요.　私は小さいほうがいいです。

コラムを読む ② 一番大切なのはあなた自身です。

저도 대학을 졸업하고 직장 생활을 한 적이 있습니다. 그때 일도 일이지만 저는 인간관계가 제일 힘들었습니다. 퇴근 후에도 휴대폰으로 계속 연락이 오니까 개인적인 시간을 전혀 가질 수가 없었어요. 아무리 생각해도 그 직장이 나와 잘 맞지 않는 것 같아서 회사를 그만두고 요리를 배우게 됐습니다. 물론 도중에 몇 번이나 포기하고 싶을 때도 있었어요. 하지만 무엇보다 요리를 만드는 일이 즐거웠기 때문에 10년간 계속할 수 있었습니다.

상황을 바꾸려면 잠시 그곳을 떠나는 것도 한 방법이라고 생각해요. 아무것도 하고 싶지 않을 때는 그냥 아무 생각 없이 쉬는 것도 좋지 않을까요? 중요한 것은 직장이 아니라 바로 자기 자신이 아닐까요?

単語と表現

78

- □ 인간관계[---게] 人間関係
- □ 개인적 個人的
- □ 가지다(=갖다) 持つ
- □ 물론〔勿論〕 もちろん
- □ 포기(하) 放棄，あきらめること
- □ 상황을 바꾸다 状況を変える
- □ 한 1つの
- □ 아무 何の，いかなる
- □ -가/이 아니라 ～ではなく
- □ 퇴근(하) 退勤，退社
- □ 전혀[저녀] まったく，全然
- □ 아무리 いくら（～しても）
- □ 도중에 途中で
- □ -간 ～間
- □ 잠시〔暫時〕 しばらく（の間）
- □ 방법 方法
- □ 생각 없이[업씨] 考えず
- □ 자신② 自身

「単語と表現」を参考に，日本語に訳しましょう。
また，声に出して何回も読んでみましょう。

読解力 Check!

1) 직장 생활을 할 때 뭐가 제일 힘들었어요?
2) 회사에 다닐 때 왜 개인적인 시간을 가질 수 없었어요?
3) 왜 회사를 그만뒀어요?
4) 지금은 무슨 일을 하고 있어요?

POINT 14-3 -(으)니까 ② ～だから，～ので （理由）

理由などを表す接続語尾。**-았/었으니까**の形もよく使われます。また，後ろに命令や勧誘，**-ㄹ/을까요?**などの文が来る場合は，**-아/어서**や**-기 때문에**でなく，**-(으)니까**を使わなければなりません。（前置きの**-(으)니까**①の用法については ⇒ 83 頁）

（　　　）に**-니까/으니까**の形を書き入れてみましょう。

母音語幹＋니까	놀라다	驚く	→（　　　　　　）
ㄹ語幹＋니까	들다	持つ，（気に）いる	→（　　　　　　）
子音語幹＋으니까	넓다	広い	→（　　　　　　）

아이들이 놀라니까 작은 소리로 말해 주세요.

마음에 드니까 이걸로 할까요?

우리 오빠는 마음이 넓으니까 이해해 줄 거예요.

☞ -아/어서（⇒ 15 頁）の後ろに勧誘や命令，-ㄹ/을까요? などの文が来ることができません。
例 気に入ったから買ってください。　× 마음에 들어서 사 줘요.　○ 마음에 드니까 사 줘요.

POINT 14-4 -(으)려면 ～するには，～したければ，～しようと思うなら

-(으)려고 하면から**-고 하-**が縮約された形で，計画は意図，希望などを実現に移そうとするときに用います。（**-(으)려고**については ⇒ 11 頁）

（　　　）に**-려면/으려면**の形を書き入れてみましょう。

母音語幹＋려면	결정하다	決定する	→（　　　　　　）
ㄹ語幹（ㄹの脱落）＋려면	놀다	遊ぶ	→（　　　　　　）
子音語幹＋으려면	씻다	洗う	→（　　　　　　）

결정하려면 좀 시간이 걸립니다.

주말에 놀려면 내일까지 리포트를 끝내야 돼요.

손을 씻으려면 먼저 씻으세요.

한국어를 잘하려면 아직 멀었어요.

練習コーナー

14-1 -ㄴ/은 지 얼마나 됐어요?を用いて対話を完成させ，発音してみましょう。 79

例 A：은행에서 (일하다 → 일한 지 얼마나 됐어요)?
B：3년이 조금 지났어요.

① A：한국어를 (배우다 →)?
B：한국어는 2년째입니다.

② A：언니(누나)는 그 회사에 (취직하다 →)?
B：얼마 안 됐어요.

③ A：아버님은 직장을 (그만두다 →)?
B：이제 2년쯤 됐어요.

14-2 -는 게 좋겠어요を用いて，「〜したほうがよさそうです」とアドバイスをしてみましょう。 80

例 A：어젯밤부터 열이 있어요. (병원에 가 보다)
B：그럼 병원에 가 보는 게 좋겠어요.

① A：벌써 8시네요. (퇴근하다)
B：그만 ______________________.

② A：바빠서 너무 피곤해요. (하루 쉬다)
B：일요일은 ______________________.

③ A：요즘 몸무게가 3킬로나 늘었어요. (30분 정도 걷다)
B：매일 ______________________.

④ A：회사를 그만둘까 고민이에요. (결정하다)
B：빨리 ______________________.

14-3 -(으)니까を用いて文を完成し，日本語に訳しましょう。

例 방이 (덥다 → 더우니까) 에어컨 좀 켜 줘.
➡ 部屋が暑いからエアコンをちょっとつけてちょうだい。

① 학교 앞에 새로운 가게가 (생겼다 →) 한번 가 보자.
➡

② 블로그에 (소개됐다 →) 같이 안 가 볼래?
➡

③ 택시보다 지하철이(빠르다 →) 지하철을 타고 갈까?
➡

④ 많이 먹어서 (배부르다 →) 이제 가져오지 마.
➡

14-4 「～するには / ～しようと思うなら～しなければなりません」という文を作ってみましょう。

例 6시에 퇴근하다 / 부장님께 물어보다

➡ 6시에 퇴근**하려면** 부장님께 물어**봐야 돼요**.

① 빌린 책을 돌려주다 / 오늘까지 돌려주다

➡

② 상황을 바꾸다 / 더 많이 노력하다

➡

③ 기말시험 공부를 하다 / 교과서가 있다

➡

④ 해외여행을 가다 / 미리 계획을 세우다

➡

14-5 二人のやり取りを読んで，内容と合っていれば○を，合っていなければ×を付けてください。

수아: 나는 지난달에 편의점을 그만뒀어.
지금 학원 강사를 알아보고 있어.

유리: 나도 다른 일을 찾아봐야 해.
여긴 그만두려고.

수아: 거기서 아르바이트 한 지도 벌써 2년이잖아.
왜 무슨 일이 있었어?

유리: 그냥. 옷 가게는 나하고 잘 안 맞는 것 같아.
그리고 유학을 가려면
한국어도 더 열심히 공부해야 하니까….

① (　　　) 수아는 옷 가게에서 2년간 아르바이트를 했다.

② (　　　) 유리는 지금 하는 일을 그만두고 학원에 취직하려고 한다.

③ (　　　) 유리는 옷 가게 일이 자기한테 잘 맞는다고 생각한다.

④ (　　　) 유리는 한국으로 유학을 갈 계획이 있는 것 같다.

もっと知りたい！ -기を含む表現

・-기って何？

用言の語幹について名詞にする語尾です。

例 달리다　走る　➡　달리기　走ること，駆けっこ
말하다　話す　➡　말하기　話すこと，会話
듣다　聞く　➡　듣기　聞くこと，リスニング

・特徴

名詞のように助詞を付けることができます。

例 한국어는 말하기보다 듣기가 어려워요.　韓国語は会話よりリスニングが難しいです。
달리기는 잘 못해요.　駆けっこはよくできません。

・-기を含む慣用表現

	例文	頁
-기 전에　～する前に -기 전이다　～する前である	1시가 되기 전에 다 팔렸다. 도장을 찍기 전이다.	68, 95 95
-기 시작하다　～し始める	꽃이 피기 시작했어요.	30
-기 위해(서)　～するため（に）	살기 위해 일한다.	97
-기 때문에　～するために -기 때문이다　～するからだ	문제가 생겼기 때문에 못 갔다. 문제가 생겼기 때문이다.	97 97
-기(가) 어렵다　～しにくい	맑은 하늘을 보기 어렵다.	96
-기 힘들다　～しづらい	생활하기 힘들다.	86
-기로 하다　～することにする	다음에 만나기로 해요.	17

-기 쉽다は
「～しやすい」かな。

数字と時刻

・漢数詞

一:일　二:이　三:삼　四:사
五:오　六:육　七:칠　八:팔
九:구　十:십
百:백　千:천　万:만

・固有数詞と時刻

1つ	하나	1時	한 시
2つ	둘	2時	두 시
3つ	셋	3時	세 시
4つ	넷	4時	네 시
5つ	다섯	5時	다섯 시
6つ	여섯	6時	여섯 시
7つ	일곱	7時	일곱 시
8つ	여덟	8時	여덟 시
9つ	아홉	9時	아홉 시
10つ	열	10時	열 시
		11時	열한 시
		12時	열두 시

※「分」には漢数詞を使います。

例 1時10分:한 시 십 분

連語リスト

감기에 걸리다	風邪をひく
가게가 생기다	店ができる
건물을 짓다	建物を建てる
결과가 나오다	結果が出る
결혼식을 올리다	結婚式を挙げる
계획을 세우다	計画を立てる
고향을 떠나다	故郷を離れる
관심을 가지다	関心を持つ
교과서를 펴다	教科書を開く
국을 끓이다	スープを作る
기침이 나다	咳が出る
길을 잃다	道に迷う
꿈을 꾸다	夢を見る
나도 모르게	思わず
나이(가) 들다	歳を取る
날씨가 흐리다	曇っている
날이 밝다	夜が明ける
날짜를 정하다	日にちを決める
냄새가 나다	においがする
눈을 감다	目を閉じる
눈을 뜨다	目を開ける
늦잠을 자다	朝寝坊をする
담배를 끊다	タバコをやめる
담배를 피우다	タバコを吸う
답을 맞추다	答えを合わせる
도장을 찍다	ハンコを押す
돈을 찾다	お金をおろす
돈이 많이 들다	お金がたくさんかかる
땀이 나다	汗が出る
라면을 끓이다	ラーメンを作る
마스크를 쓰다	マスクをする
마음 속에 그리다	心の中に描く

마음에 들다	気に入る
마음이 가볍다	気持ちが軽い
마음이 무겁다	気が重い
말만 하다	口先だけだ
머리를 감다	髪を洗う
머리를 자르다	髪を切る
면접을 보다	面接を受ける
모자를 쓰다	帽子をかぶる
목에 걸다	首にかける
몸이 안 좋다	体調がよくない
문제가 생기다	問題が起こる
문제를 풀다	問題を解く
바람이 불다	風が吹く
방학을 하다	（長期）休みに入る
밥을 짓다	ご飯を炊く
배가 고프다	お腹が空いている
불을 켜다	火/明かりをつける
사이가 좋다	仲がいい
생활이 어렵다	生活が貧しい
상황을 바꾸다	状況を変える
소리(를) 내다	声に出す
소리가 나다	音がする，声がする
손을 놓다	手をこまねく，手を休める
수업을 듣다	授業を受ける
술을 끊다	酒をやめる
스키를 타다	スキーをする
시험에 붙다	試験に受かる
시험을 보다	試験を受ける
쌀을 씻다	米をとぐ
아직 멀었다	まだまだだ
안경을 벗다	メガネを外す
안경을 쓰다	メガネをかける
약을 먹다	薬を飲む
에어컨을 켜다	エアコンをつける
웃음이 나오다	笑いが噴き出る
이를 닦다	歯を磨く
이름을 짓다	名前をつける
이해가 안 가다	理解できない
인기가 많다	人気が高い
일을 맡다	仕事を引き受ける
일이 생기다	用事ができる
자리를 잡다	席を取る
잠을 자다	寝る，眠る
잠이 오다	眠くなる
잠자리에 들다	（寝）床につく
전화를 걸다	電話をかける
전화를 끊다	電話を切る
전화를 받다	電話に出る
정신이 없다	とても忙しい，無我夢中だ
주사를 맞다	注射を打ってもらう
줄을 서다	並ぶ
진단을 받다	診断を受ける
집을 짓다	家を建てる
출석을 부르다	出席を取る
춤을 추다	ダンスをする，踊る
키가 작다	背が低い
키가 크다	背が高い
테니스를 치다	テニスをする
테이블을 닦다	テーブルを拭く
피아노를 치다	ピアノをひく
한국 돈으로 바꾸다	韓国のお金に両替する
행동에 나서다	行動に出る
화가 나다	腹が立つ，怒る
활기가 넘치다	活気があふれる
흥미가 생기다	興味がわく
힘을 얻다	力を得る

文法索引

＊はハングル検定試験の４級レベル，＊＊は３級レベルを示す。無印は５級レベルを示す。

	項目	意味など	頁
＊	-가/이 되다	～になる	22, 81
＊	-거든요	～んです，～んですから	11
＊＊	-것 같다	～ようだ【様態・推量】	83
＊＊	-것처럼	～(するかの)ように	89
＊＊	-게	～く/に，～ように	37
＊＊	-게 되다	動 ～ようになる，～ことになる	37
＊	-겠-	【意志，推量などの補助語幹】	87
＊	-고	～して，～くて，～し	9
	-고 가다/오다	～して(それから)いく/くる	9
	-고 싶다	～したい	9
＊＊	-고 싶어 하다	～したがる	74
	-고 있다/계시다	～している/～していらっしゃる【進行】	9, 43
＊	-기 때문에	～するために，～するゆえに【理由】	97
＊	-기 때문이다	～するからだ，～するためだ	97
＊	-기 시작하다	～しはじめる	30
＊	-기 전에	～する前に，～である前に	95
＊	-기 전이다	～する前だ	95
＊＊	-기(가) 어렵다	～しにくい	96
＊＊	-기 위해서	～するために	97
＊＊	-기 힘들다	～しづらい	86
＊＊	-기로 하다	～することにする【決心】	17
＊＊	-(ㄴ/는)다	～する【한다体】	50
＊＊	-(ㄴ/는)다고	～(する)と【平叙文の引用・伝聞】	75
＊＊	-(ㄴ/는)다고 하다	～という，～だそうだ	75
＊＊	-ㄴ/은 게 좋다	形 ～ほうがよい	101
＊	-ㄴ/은 뒤/후/다음(에)	～した後で，～した後に	69
＊	-ㄴ/은 일이 있다/없다	～したことがある/ない【経験】	67
＊	-ㄴ/은 적이 있다/없다	～したことがある/ない【経験】	67
＊	-ㄴ/은 지	～して，～してから【時間の経過】	101
＊	-ㄴ/은①	～い(＋名詞)【形・指の現在連体形】	61
＊	-ㄴ/은②	～した(＋名詞)【動の過去連体形】	67
＊	-네(요)	～ですね，～ますね【感嘆・発見】	31
＊	-는	～する(＋名詞)【動・存の現在連体形】	59

*	-는 게 좋다	～したほうがよい	101
*	-는 데	動 ～(する)のに 【目的】	89
*	-는(ㄴ/은) 것이다	～のだ，んだ 【説明】	61
**	-는(ㄴ/은)데	～だが，～のに，～だし 【前置き・逆接】	81
**	-던	～していた(＋名詞) 【過去回想連体形】	69
*	때문에	～のせいで，～のことで，のために	15
*	-ㄹ/을	(これから)～する(＋名詞)，～すべき(＋名詞) 【未来連体形】	73
**	-ㄹ/을 것 같다	～しそうだ 【様態・推量】	97
*	-ㄹ/을 것이다	～だろう，～つもりだ，～と思う 【推量・意志】	73
*	-ㄹ/을 게 아니라	～するのではなく，～しないで，～せずに	95
*	-ㄹ/을 때	～する時	10，73
*	-ㄹ/을 생각이다	～するつもりだ	73
*	-ㄹ/을 수 있다/없다	～することができる/できない 【可能・不可能】	55
**	-ㄹ/을 수밖에 없다	～(する)しかない	55
*	-ㄹ/을까요?	～しましょうか，～でしょうか	14
*	-ㄹ/을게(요)	(これから)～しますよ，～しますから 【意志・約束】	43
**	-ㄹ/을래(요)(?)	～する(？)，～します(か) 【意志】	37
*	라고	～(だ)と 【直接引用】	59
*	못＋動詞	～できない，～られない 【不可能】	17
**	못 -ㄹ/을 것 같다	～しそうもない	97
**	-아/어(?)	～する(？) 【해体】	31
*	-아/어 가다/오다	～していく/くる	48
*	-아/어 계시다	～していらっしゃる 【状態】	43
**	-아/어 놓다	～しておく	49
**	-아/어 두다	～しておく	49，52
*	-아/어 드리다	～して差し上げる，お/ご～する	48
**	-아/어 먹다	～して食べる	48
**	-아/어 버리다	～してしまう	49
*	-아/어 보다	～してみる 【試行】	45
*	-아/어 보고 싶다	～してみたい	45
*	-아/어 있다	～している 【状態】	43
*	-아/어 주다	～してあげる/くれる	25
*	-아/어 주세요	～してください，～してくださいます	25
*	-아/어 줘요	～してちょうだい，～してください	10，25
*	-아/어도	～しても，～くても	53
*	-아/어도 되다/괜찮다	～してもよい/構わない	53
*	-아/어서	～ので，～くて，～して 【理由・前提動作】	15

*/**	-아/어야	～してこそ，～しなければ（～ない）	55
**	-아/어야겠다	～しなくちゃ，～ねば，～しよう 【強い意志】	53
**	-아/어지다	形 ～く/になる【変化】	81
*	-았/었던	～かった（＋名詞），～だった（＋名詞）【存・形・指の過去連体形】	75
*	-았/었을 때	～した時	38, 73
**	-에 관해(서)	～に関して	52
**	-에 대해(서)	～について，～対して	8, 52
*	-(으)니까①	～したら，～すると 【状況の前置き・気付き】	83
*	-(으)니까②	～だから，～ので 【理由】	103
*	-(으)러	～(し)に（行く/来る） 【目的】	23
*	-(으)려고	～しようと 【意図・計画】	11
*	-(으)려고 하다/생각하다	～しようとする/思う	11
*	-(으)려고요(?)	～しようと思いまして，～しようと思います（か）	11
*	-(으)려면	～するには，～したければ，～しようと思うなら	103
*	-(으)면	～すれば，（もし）～したら，～（する）と 【仮定】	23
*	-(으)면 되다	～すればいい	23
*	-(으)면 안 되다	～してはいけない	23
*	-(으)면 좋겠다	～したらうれしいな，～だったらいいな 【願望】	28, 39
*	-(으)시지요/(으)시죠	～なさってください，～しましょう	29
**	-(이)나	～や，～でも，～も（助詞）	14, 25
*/**	-(이)라고 하다	～という，～そうだ	59
**	-(이)라는	名 ～という（＋名詞）	100
*	-(이)라도	指 ～でも，～であっても	53
*	-(이)라도	～でも（助詞）	87
*	-(이)라면	名 ～なら	14, 23
*	-(이)라서	指 ～（だ）から	15
**	-(이)라서 그런지	～（だ）からなのか	42
**	-자	～しよう	30, 45
*	-잖아요	～じゃないですか, ～でしょう？	29
*	-지 말다	～しない，～するのをやめる 【禁止】	39
*	-지 말아야 하다/되다	～しないようにしなければならない，～してはいけない	55
*	-지 못하다	～できない，～られない 【不可能】	17
*	-지 않으면 안 되다	～しないといけない	23
**	-지 않으실래요?	～なさいませんか？	37
**	-지 않을래요?	～しませんか？	37
*	-지(요)/죠(?)	～でしょ？，～よ 【確認・同意】	29
*	-지만	～けれど，～が（しかし） 【逆接】	9

●単語集（韓国語→日本語）

・日本語と同じ漢字語に下線を引き，日本語と異なる漢字語は〔　〕に示した。韓国では旧漢字を使う。
・[　] は発音を示す（連音化を除く）。
・〈　〉は変則用言を示す。
・(하)は하다動詞を示す。
・助詞については７頁を参照してください。

ㄱ

韓国語	日本語
가 보다	行ってみる
가게	店
가격	価格，値段
가깝다[--따]〈ㅂ〉	近い
가끔	時々，たまに
가능하다	可能だ
가다	行く，（家に）帰る
가르치다	教える
가방	カバン
가볍다[--따]〈ㅂ〉	軽い
가수	歌手
가스	ガス
가이드	ガイド
가장	最も，一番
가져가다	持っていく
가져오다	持ってくる
가족	家族
가지고 오다	持ってくる
가지다(=갖다)	持つ，所有する
간	間，〜間
간호사〔看護士〕	看護師
갈비	カルビ
갈아입다[---따]	着替える
감기	風邪
감다[-따]①	（髪を）洗う
감다[-따]②	（目を）閉じる
감사(하)	感謝
갑자기[-짜-]	急に，突然
강가[-까]	川沿い
강물	川の水
강아지	子犬
강하다〔強--〕	強い
갖고 싶다[갇꼬십따]	ほしい（←持ちたい）
같다[갇따]①	同じだ
같다[갇따]②	〜のようだ，みたいだ
같이[가치]	一緒に
갔다 오다[갇따--]	行ってくる
개	犬
-개	〜個
-개월	〜カ月
개인적	個人的
거기	そこ(に)，そちら
거기서	そこで，そこから
거리	街，通り
거의[-이]	ほとんど
걱정(하)[-쩡]	心配
건강(하)	健康，元気
건물	建物
건배	乾杯
걷다[-따]〈ㄷ〉	歩く
걸다	かける
걸리다	（時間が）かかる，（病気に）かかる
걸어가다	歩いていく
검다[-따]	黒い
검은색	黒色
것	もの，こと，〜の
게임(하)	ゲーム
겨우	やっと，かろうじて
겨울	冬
결과	結果
결국	結局
결정(하)[-쩡]	決定
결혼(하)	結婚
결혼기념일	結婚記念日
결혼식	結婚式
경기	競技
경기장	競技場
경찰관	警察官
계속[게-]〔継続〕	続けて，ずっと
계시다[게--]	いらっしゃる
계획(하)[게-]	計画
고등학교[---꾜]	高等学校，高校
고등학생[---쌩]〔高等学生〕	高校生
고마워요	ありがとうございます
고맙다[-따]〈ㅂ〉	ありがとう
고민	悩み
고생(하)	苦労，難儀
고양이	猫
고추장	唐辛子味噌，コチュジャン
고프다〈으〉	（お腹が）空いている
고향	故郷

곧	間もなく，すぐ(に)
곱다[-따]〈ㅂ〉	美しい
곳	ところ，場所
공부(하)〔工夫〕	勉強
공원	公園
과일	果物
과자	菓子
관심	関心
괜찮다[-찬타]	大丈夫だ，構わない
교과서	教科書
교사	教師，教員
교수(님)	教授
-교시〔教時〕	～(時)限目
교실	教室
구〔九〕	9
구두	くつ
국	スープ，汁
국내[궁-]	国内
국제[-쩨]	国際
귀엽다[--따]〈ㅂ〉	かわいい
규칙적[--쩍]	規則的
귤	ミカン
그①	その，あの
그②	彼，その人
그건(=그것은)	それは
그곳	そこ，その場所
그날	その日，あの日
그냥	ただ，そのまま
그다지	それほど
그동안	この間，その間
그들	彼ら，彼女ら
그때	その時，あの時
그래(?)	そう(？)
그래서	それで，そこで
그랬더니[-랟떠-]	そうしたら，そうすると
그러나	しかし，けれども
그러니까	だから
그러면	それなら，そうすれば
그런	そんな，そのような
그럼	(それ)では，じゃ
그렇게[-러케]	そんなに，それほど
그렇지만[-러치만]	だが，しかし，でも
그룹	グループ
그릇	器，入れ物
그리고	そして
그리다	(絵を)描く
그림	絵
그만	それくらいに(する)，それくらいで(やめる)
그만두다	やめる
그저께(=그제)	一昨日
극장[-짱]	劇場，映画館
근데(=그런데)	ところで，だけど
근처〔近処〕	近く，近所
글	文，文章
글쎄(요)	さあ
금방	すぐ，間もなく
금(요일)	金(曜日)
기다리다	待つ
기대되다	期待される，楽しみだ
기말시험	期末試験
기분	気分
기쁘다〈으〉	嬉しい
기숙사[--싸]	寄宿舎，寮
기온	気温
기운	気運，気味
기침	咳
길	道
길다	長い
김	海苔(のり)
김밥[-빱]	のり巻き
김치	キムチ
김치찌개	キムチチゲ
깊다[깁따]	深い
깎다[깍따]	(値段を)まける
꺼내다	取り出す
꼭(= 반드시)	必ず，ぜひ
꽃[꼳]	花
꽃가루[꼳까-]	花粉
꽃구경[꼳꾸-]	花見
꽃집[꼳찝]	花屋
꾸다	(夢を)見る
꿈	夢
끄다〈으〉	消す
끊다[끈타]	(電話を)切る，(酒・タバコを)やめる
끊임없다[끄니멉따]	絶え間ない
끓이다[끄리다]	沸かす，(スープ・ラーメンを)作る
끝나다[끈--]	終わる
끝내다[끈--]	終える

ㄴ

나	私，ぼく
나가다	出る，出ていく
나눠 주다	配る

나다	出る
나서다	(外・前へ) 出る
나오다	出る，出てくる
나이	年齢，歳
나타나다	現れる
나타내다	表わす
난(=나는)	私は，僕は
날	日，〜日
날씨	天気，気候
날짜	日にち，日取り，日付
남	他人
남기다	残す
남다[-따]	残る，余る
남동생〔男同生〕	弟
남성	男性，男
남자 친구〔男子親旧〕	彼氏，男の友達
남자애(=아이)〔男子-〕	男の子
낫다[낟따]〈ㅅ〉	(病気・傷が) 治る
내	私の，ぼくの
내가	私が，ぼくが
내게	私に，僕に
내년	来年
내다	出す
내려가다	下がる，下りる，下りていく
내려오다	下りる，下りてくる
내리다	下りる，降りる， (雨・雪が) 降る
내일〔来日〕	明日
내일모레	(明日) あさって
냄새	匂い，臭い
너무	あまり，あまりにも
너희[-의/이]	お前たち，君たち
넓다[널따]	広い
넘다[-따]	超える，(時が) 過ぎる
넣다[너타]	入れる
네	はい
-네	〜の家，〜のところ
네 시	4時
네가	お前が，君が
넥타이	ネクタイ
넷/네	4つ，4名/4つの
-년	〜年
노란색	黄色
노래	歌
노래하다	歌う
노래방	カラオケ(ルーム)
노력(하)	努力
놀다	遊ぶ，何もしないでいる
놀라다	驚く
농구〔籠球〕	バスケットボール
놓다[노타]	置く
누가	誰かが，誰が
누구나	誰でも
누나	姉，お姉さん(←弟)
눈①	目
눈②	雪
눕다[-따]〈ㅂ〉	横になる，寝そべる
늘	常に，いつも
늘다	増える，伸びる，上達する
능력[-녁]	能力
늦게[늗께]	遅く
늦다[늗따]	遅れる，遅い
늦잠[늗짬]	朝寝坊
-님	〜さま

ㄷ

다	すべて，全部，すっかり
다녀오다	行って来る
다니다	通う
다르다〈르〉	異なっている，違う
다른	ほかの，別の
다리	脚
다섯	5つ，5人
다시	再び，また
다양하다	多様だ
다음	次，次の
다음 달[딸]	来月
다음 주[쭈]	先週
다치다	けが(を)する
다큐멘터리	ドキュメンタリー
다행이다〔多幸--〕	幸いだ
닦다[닥따]	磨く，拭く
단기 유학	短期留学
단어	単語
닫다[-따]	閉める，閉じる
달	〜カ月
달다	甘い
담배	タバコ
답(하)	答え
답안	答案
답장[-짱]〔答状〕	返信
당분간〔当分間〕	当分の間
-대	〜代
대개〔大概〕	たいがい
대단히[-다니]	非常に
대답(하)〔対答〕	返事，答え

대사	台詞，セリフ
대신〔代身〕	代わり
대학	大学
대학 축제[-쩨]〔祝祭〕	大学祭
대학생[--쌩]	大学生
대학원	大学院
대화문	対話文
댁	お宅（집の尊敬語）
더운물	湯，温水
덥다[-따]〈ㅂ〉	暑い
-도	～度（℃）
도구	道具
도서관	図書館
도시락	弁当
도와주다	手伝う，助ける
도장	印鑑，はんこ
도전(하)	挑戦，チャレンジ
도중(에)	途中（で）
도착(하)	到着，着く
독서[-써]	読書
돈	お金
돌려주다	返す
돌아가시다	亡くなる
돕다[-따]〈ㅂ〉	手伝う，助ける
동물	動物
동물원	動物園
동생〔同生〕	妹・弟
동창	同窓
동창회	同窓会
되다	なる，できる，結構だ
두 달	２カ月
두 시	２時
두다	置く
둘/두	二つ，2人/二つの
둘이서	２人で
뒤	後，後ろ
뒤돌아보다	振り返る
드라마	ドラマ
드리다	さしあげる
드림(←드리다)	～拝，～より
드시다	召し上がる（먹다/마시다の尊敬語）
듣기[-끼]	聞くこと，リスニング
듣다[-따]〈ㄷ〉	聞く，（授業を）受ける
-들	～たち，～ら
들고 다니다	持ち歩く
들다①	（手に）持つ
들다②	（お金が）かかる
들르다〈으〉	立ち寄る
들리다	聞こえる
들어 보다	聞いてみる
들어가다	入る，入っていく
들어오다	入る，入ってくる
등	等，など
등산	登山，山登り
디자인	デザイン
디저트	デザート
따뜻하다[-뜨타-]	暖かい，温かい
따라 읽다[익따]	後について読む
따르다〈으〉	従う，ついていく
딸	娘
땀	汗
때	時，時期，時代
떠나다	離れる，立つ
떡볶이[-뽀끼]	トッポッキ
떨어지다	落ちる
또	また，さらに
똑같다[-깓따]	まったく同じだ
뛰다	（人が）走る，跳ねる
뛰어가다	走っていく
뜨다	（目を）開ける，目覚める
뜻	意味

ㄹ

라면	ラーメン
로봇	ロボット
리포트	レポート

ㅁ

-마리	～匹，～羽，～頭
마스크	マスク
마시다	飲む
마음	心，気持ち
마침	ちょうど
마흔	40（歳）
막걸리[-껄-]	マッコリ
만	万
만나다	会う
만들다	作る
만일〔万一〕	万が一，もしも
만(에)	ぶり（に）
만화[마놔]	漫画，マンガ
많다[만타]	多い，たくさんある
많이[마니]	たくさん，多く
말	言葉，話
-말	～末

말하다	言う
말씀	お言葉，お話
말씀드리다	お話しする，申し上げる
말씀하다	おっしゃる
맑다[막따]	晴れている，澄んでいる
맛	味
맛없다[마덥따]	まずい，おいしくない
맛있다[마싣따]	おいしい
맞다[맏따]①	合う，合っている，正しい
맞다[맏따]②	(注射・針を)打ってもらう
맞은편	向かい側
맞추다	合わせる，当てる
맡다[맏따]	受け持つ，引き受ける
매번〔毎番〕	毎度，毎回
매우	非常に，たいへん
매일	毎日
매주	毎週
맥주[-쭈]〔麦酒〕	ビール
맵다[-따]〈ㅂ〉	辛い
머리	頭，髪
먹다[-따]	食べる，(薬を)飲む
먼저	先に
멀다	遠い
멋있다[머싣따]	素敵だ，かっこういい
메모	メモ
메일	メール
메콩 강	メコン川
며칠	数日，何日
면접	面接
몇 시[멷씨]	何時
몇 년[면-]	何年，数年
모두	みな，全部(で)
모레	あさって
모르다〈르〉	わからない，知らない
모으다〈으〉	集める，貯める
모임	集まり，集会
모자	帽子
모자라다	足りない，不足する
목	のど，首
목걸이[-꺼리]	ネックレス
목소리[-쏘-]	声
목(요일)	木(曜日)
목욕〔沐浴〕	風呂，入浴
몸	身体
몸무게	体重
못하다[모타-]	下手だ，できない
무겁다[--따]〈ㅂ〉	重い
무리(하)	無理
무슨	何か，何の(＋名詞)
무엇(=뭐)	何
문	門，ドア
문법[-뻡]	文法
문장	文章
문제	問題
문제없다	問題ない
문제점[--쩜]	問題点
문제집	問題集
문화[-놔]	文化
묻다[-따]〈ㄷ〉	尋ねる，問う
물고기[-꼬-]	(泳いでいる)魚
물론〔勿論〕	もちろん
물어보다	聞いてみる
뭐라고	何と
뭘(=무엇을)	何を
미국〔美国〕	アメリカ，米国
미국인〔美国人〕	アメリカ人
미래	未来
미리	あらかじめ
미세 먼지〔微細--〕	PM2.5
미안	ごめん(ね)
미안하다	すまない
믿다[-따]	信じる

ㅂ

바꾸다	変える，換える，両替する
바뀌다	変わる
바다	海
바람	風
바로	すぐ(に)，直ちに，まさに
바쁘다〈으〉	忙しい
바지	ズボン，パンツ
-박-일	～泊～日
밖[박]	外
반①	半
반②	班，クラス
반드시	必ず，きっと
반대(하)	反対
반장	班長，学級委員
반찬	おかず
받다[-따]	もらう，受け取る，受ける
발	足
발음(하)	発音
발표문〔発表文〕	レジュメ
발표(하)	発表
밝다[박따]	明るい
밤	夜

밤늦게[-늗께]	夜遅く
밤중[-쭝]	夜中
밤하늘	夜空
밥	ご飯
밥그릇[-끄른]	茶碗
밥하다[바파-]	ご飯を作る
방〔房〕	部屋
방법	方法
방학(하)〔放学〕	(学校の長期) 休み
배	腹
배구〔排球〕	バレーボール
배부르다〈르〉	お腹がいっぱいだ
배우다	学ぶ
배추	白菜
백	百
백화점[배콰점]	百貨店，デパート
버리다	捨てる
버스	バス
-번	～番，～回
번역(하)	翻訳
-벌	～着 (服)
벌써	もう，すでに
벗다[벋따]	脱ぐ，(メガネを) 外す
벚꽃[벋꼳]	桜
베이징	北京
베트남	ベトナム
벨	ベル
변하다〔変--〕	変わる
별	星
별일 없다[-리럽따]	変わりない
별일 없이[-리럽씨]	お変わりなく
병원	病院
보내다	送る，(時間を) 過ごす
보다	見る，会う，(試験を) 受ける
보이다	見える
복사(하)[-싸]〔複写〕	コピー
복습(하)[-씁]	復習
볼일[-릴]	用事
볼펜	ボールペン
봄	春
봉투	封筒
부르다〈르〉	歌う，呼ぶ
부모(님)〔父母〕	親，(ご) 両親
부산〔釜山〕	プサン (地名)
부장	部長
부지런히[--러니]	せっせと
부탁(하)	頼み，願い
부탁드리다[--뜨--]	お願いする
부탁하다[-타카-]	頼む
-분①	～分
-분②	～方，～名様
분량[불-]	分量
분위기	雰囲気
불	火，明かり
불다	(風が) 吹く
붓다[붇따]〈ㅅ〉	腫れる，むくむ
붙다[붇따]	付く，(試験に) 受かる
붙이다[부치다]	付ける，貼る
블로거	ブロガー
블로그	ブログ
비	雨
비누	石けん
비슷하다[-스타-]	似ている
비싸다	(値段が) 高い
비행기	飛行機
빌려주다	貸す，貸してくれる，貸してやる
빌리다	借りる
빙수〔氷水〕	かき氷
빠르다〈르〉	速い，早い
빨간색	赤色
빨래(하)	洗濯 (物)
빨리	早く，速く，急いで
빵집[-찝]	パン屋

ㅅ

사〔四〕	4
사계절[-게-]〔四季節〕	四季
사다	買う，おごる
사람	人
사람들	人々
사무실	事務室
사실〔事実〕	実は，実際
사실은〔事実-〕	実は
사이	間，仲
사장(님)	社長
사전	辞典，辞書
사진	写真
사진부	写真部
사진전	写真展
산책(하)	散策，散歩
-살	～歳
살다	住む，暮らす，生きる
삼〔三〕	3
삼겹살[--쌀]	サムギョプサル
삼한사온	三寒四温

상자	箱
상쾌하다	爽快だ，さわやかだ
상황	状況
새	鳥
새-	新しい〜，新〜
새것	新品
새로	新しく
새롭다[--따]〈ㅂ〉	新しい
새벽	未明，夜明け，明け方
새해	新年，新しい年
색	色
샌들	サンダル
생각	考え，思い
생각 없이[--업씨]	考えず
생각이다	つもりだ
생각나다[-강--]	思い出す
생각하다[-가카-]	考える，思う
생기다	生じる，できる
생일〔生日〕	誕生日
생활(하)	生活
샴푸	シャンプー
서다	立つ，止まる
서로	互いに
서른	30（歳）
서비스	サービス
서울	ソウル
서클(=동아리)	サークル
선글라스	サングラス
선물(하)	プレゼント，お土産
선배	先輩
선생(님)	先生
선수	選手
설명(하)	説明
설탕〔雪糖〕	砂糖
세계[-게]	世界
세다	数える
세상〔世上〕	世の中，世間
세수(하)〔洗手〕	洗顔
세우다	（計画を）立てる
소개(하)	紹介
소개되다	紹介される
소리	声，音
소설(책)	小説
소설가	小説家
소파	ソファー
손	手
손가락[-까-]	指
손님	お客さん，お客さま
손수건[-쑤-]	ハンカチ
쇼핑(하)	ショッピング
수건(=타월)	タオル，手ぬぐい
수업(하)	授業
수(요일)	水（曜日）
숙제(하)[-쩨]	宿題
숟가락[-까-]	スプーン，〜さじ
술	酒
쉬다	休む，休憩する
쉰	50（歳）
쉽다[-따]〈ㅂ〉	容易だ，易しい
스마트폰	スマートフォン
스무 번	20回
스물/스무	20（歳）/ 20の
스키	スキー
스트레스	ストレス
스파게티	スパゲティ
스포츠	スポーツ
스피드	スピード
슬프다〈으〉	悲しい
-시	〜時
시월	10月
시간	時間
시원하다	涼しい
시작되다[--뙤-]	始まる
시작하다[-자카-]	始める
시장	市場
시켜 먹다[-따]	出前を取る
시키다	注文する，させる
시합(하)	試合
시험	試験，テスト
시험장〔試験場〕	試験会場
식당[-땅]	食堂
식사 후[-싸-]〔食事後〕	食後
신다[-따]	履く
신문	新聞
신발	履きもの，くつ
실은	実は，実際
싫다[실타]	いやだ
십〔十〕	10
십이월	12月
십일월	11月
싸다	安い
싸우다	けんかする
쌀	米
쓰다〈으〉	書く，使う，（帽子を）かぶる，（傘を）さす
-씨	〜氏，〜さん

-씩	～ずつ
씻다[씯따]	洗う，シャワーを浴びる

ㅇ

아	ああ，あ
아까	さっき
아뇨	いいえ
아니	いや，いいえ
아니다	違う，～ではない
아니면	それとも
아르바이트(=알바)	アルバイト
아름답다[---따]〈ㅂ〉	美しい
아마(도)	たぶん，おそらく
아무	何の，いかなる
아무것도[--걷또]	何も(～ない)
아무 데도	どこにも(～ない)
아무나	誰でも
아무도	誰も(～ない)
아무래도	どうやら
아무리	いくら(～しても)
아무튼	とにかく
아버님	お父さま
아버지	父，お父さん
아빠	パパ，お父さん
아주	とても，非常に
아직	まだ
아직까지	いまだに，今まで
아직도[--또]	いまだに
아침	朝，朝方
아침(밥)[--빱]	朝食，朝ご飯
아파트	マンション
아프다〈으〉	痛い，(体の具合が)悪い
아홉	９つ，９人
아흔	90(歳)
안①	中，内
안②	～しない
안 되다	だめだ
안 계시다	いらっしゃらない
안경	眼鏡，メガネ
안내(하)	案内
앉다[안따]	座る
알다	わかる，知る
알리다	知らせる，教える
알아듣다[---따]〈ㄷ〉	聞き取る，理解する，聞いてわかる
알아보다	調べてみる，見分ける
앞	前
앞으로	これから，今後
야경	夜景
야구	野球
야구장	野球場
야근(하)	夜勤
야시장〔夜市場〕	夜市
야채	野菜
약	薬
약국[-꾹]	薬局
약속[-쏙]	約束
약하다[야카-]〔弱--〕	弱い
양말	靴下
양복〔洋服〕	スーツ，背広
양산〔陽傘〕	日傘
어	あっ，おお，ああ
어둡다[--따]〈ㅂ〉	暗い
어디	どこ(に)
어디서	どこで，どこから
어때?	どう?
어떡하다[-떠카-]	どうする
어떤	どんな，どのような
어떻게[-떠케]	どのように，どうやって
어렵다[--따]〈ㅂ〉	難しい，貧しい
어리다	幼い
어린이날	子どもの日
어린이용	子ども用
어머니	母，お母さん
어울리다	似合う
어저께(=어제)	昨日
어제저녁[--쩌-]	昨日の夕方，昨夕
어젯밤[-젣빰]	昨夜
어쩔 수 없다[--쑤업따]	仕方ない
언니	姉(←妹)
언제	いつか，いつ
언제나	いつも，しょっちゅう
얻다[-따]	もらう，(ただで)得る
얼굴	顔
얼마	いくら
엄마	ママ，お母さん
업무[엄-]	業務，仕事
없다[업따]	ない，いない
-에 관해서	～に関して
-에 대해서	～について，～に対して
에어컨	エアコン
엔지니어	エンジニア
여기	ここ(に)，こちら
여기저기	あちこち(に)
여덟[-덜]	８つ，８人
여동생〔女同生〕	妹

여든	80（歳）
여러	多くの，いろいろな
여러 가지(로)	いろいろ（と）
여러 번〔番〕	数回
여름	夏
여름방학〔--放学〕	夏休み
여섯	６つ，６人
여성	女性，女
여자 친구〔女子親旧〕	彼女，女の友達
여자애〔女子-〕	女の子
여행(하)	旅行
여행지	旅行地
역사[-싸]	歴史
역시[-씨]	やはり，やっぱり
연구실	研究室
연락[열-]	連絡
연락처[열--]	連絡先
연령층[열--]	年齢層
연습(하)	練習
연예인〔演芸人〕	芸能人
연휴[여뉴]	連休
열①	十（とお），10人
열②	熱
열 시[-씨]	10時
열다	開ける，開く
열두 시[-뚜-]	12時
열리다	開く，開かれる
열심히[-씨미]	熱心に，一生懸命（に）
열한 시[여란-]	11時
영국	英国，イギリス
영어	英語
영어 회화	英会話
영하	零下，氷点下
영화	映画
영화관(=극장)	映画館
옆	横
예문	例文
예쁘다	きれいだ，かわいい
예순	60，60歳
예순넷	64（歳）
예습(하)	予習
예약(하)	予約
예정	予定
옛날이야기[옌----]	昔話
옛날[옌-]	昔
옛말[옌-]	昔の言葉
오〔五〕	５
오늘	今日
오다	来る，（雨・雪が）降る
오래간만(=오랜만)	久しぶり
오르다〈르〉	上がる，登る
오빠	兄，お兄さん（←妹）
오이	キュウリ
오전	午前
오징어	イカ
오케이(OK)	オーケー
오후	午後
옥수수 차[-쑤--]	トウモロコシ茶
올라가다	上がる，上がっていく
올려놓다[--노타]	上に置く
올리다	上げる，挙げる
올해	今年
옳다[올타]	正しい，もっともだ
옷	服
와	わぁ（感嘆詞）
왜	なぜ，どうして
외국어	外国語
외국인	外国人
외우다	覚える，暗記する
요가	ヨガ
요리(하)	料理
요즘(=요즈음)	最近，近頃
우리	私たち，うち（の），私の
우산〔雨傘〕	傘
우선〔于先〕	まず，とりあえず
우울증[--쯩]〔憂鬱症〕	うつ病
우주여행	宇宙旅行
우표〔郵票〕	切手
운동(하)	運動
운동선수	運動選手
운동화	運動靴
움직이다	動く
웃다[욷따]	笑う
웃음	笑い
원	ウォン（韓国の貨幣単位）
원인	原因
-월	～月
월(요일)	月（曜日）
위	上
위치(하)	位置
위하여	ために
유월	６月
유일하다	唯一だ
유튜버	ユーチューバー
유튜브	YouTube，ユーチューブ
유학	留学

유학생[--쌩]	留学生
육〔六〕	6
-(으)로 인한	～による
은행	銀行
음료수[-뇨-]	飲料水
음식	飲食，食べ物
음악	音楽
응	うん
의논(하)〔議論〕	相談
의미(하)	意味
의사	医師，医者
이〔二〕①	2
이②	この
이③	歯
이건(=이것은)	これは
이걸로(=이것으로)	これに（する）
이게(=이것이)	これが
이겨내다	打ち勝つ
이기다	勝つ
이다	～だ，～である
이따가	あとで，後ほど
이런	こんな，このような
(이)메일	（E）メール
-(이)서	（人数）で（助詞）
이런저런	あれこれ，そんなこんな
이렇게[-러케]	こんなに，これほど
이름	名前
이모	（母方の）おばさん
이모부〔--夫〕	이모の夫，おじさん
이번	今回，今度（の）
이번 달[딸]	今月
이번 주[쭈]	今週
이상 기온	異常気温
이상하다	おかしい，異常だ，変だ
이야기(=얘기)	話
이야기하다	話す
이어지다	続く
이용(하)	利用
이유	理由
이제	いま，もう，今や
이제부터	今から
이쪽	こっち，こちら側
이틀	二日，二日間
이해(하)	理解
이후	以後，以降
인간관계[---게]	人間関係
인기[-끼]	人気
인사(하)	あいさつ
인터넷	インターネット
인터뷰	インタビュー
인턴십	インターンシップ
인형[이녕]	人形
일〔一〕①	1
일②	仕事，用事，こと
-일③	～日
일곱	7つ，7人
일기	日記
일기예보〔日気予報〕	天気予報
일본어	日本語
일상적[-쌍-]	日常的
일어나다	起きる，起こる
일(요일)	日（曜日）
일주일[-쭈-]	1週間
일찍	早く
일하다[이라-]	働く，仕事をする
일흔[이른]	70（歳）
읽다[익따]	読む
잃다[일타]	失う，（道に）迷う
잃어버리다[이러---]	なくす
입다[-따]	着る，（ズボン・スカートを）はく
입학식[이팍씩]	入学式
있다[읻따]	ある，いる，居る
잊다[읻따]	忘れる
잊어버리다	忘れる，忘れてしまう

ㅈ

자	さあ，さて
자기〔自己〕	自分，自身
자꾸	しきりに，何度も
자다	寝る，眠る
자동차	自動車
자료	資料
자르다	（髪を）切る
자리	席，場，場所
자신①	自信
자신②	自身
자전거	自転車
자주	しょっちゅう，しばしば
작다[-따]	少ない，（背が）低い
작문[장-]	作文
잔	杯，～杯
잘	よく，よろしく，元気に，ちゃんと
잘하다[자라-]	上手だ
잠	眠り，睡眠

잠시〔暫時〕	しばらく(の間)
잠옷	寝巻, パジャマ
잠자리[-짜-]	寝床
잡다[-따]	捕まえる, 握る, つかむ
잡수시다[-쑤--]	召し上がる(먹다の尊敬語)
잡지[-찌]	雑誌
-장〔張〕	～枚
장래[-내]	将来
장미	バラ
장소	場所
재료	材料
재미없다[--업따]	つまらない, 面白くない
재미있다[--읻따]	面白い, 楽しい
저①	わたくし
저②	あのう
저기	あそこ(に), あちら
저녁	夕方, 夕暮れ
저녁(밥)[--빱]	夕食, 夕ご飯
저쪽	あちら, あっち
저희[저히/저이]	私ども(の)
적다[-따]①	少ない
적다[-따]②	書き記す, メモする
전(=저는)	私は
전	前
전철〔電鉄〕	電車, 地下鉄
전하다[저나-]〔伝--〕	伝える
전혀[저녀]	まったく, 全然
전화[저놔]	電話
절대(로)[-때]	絶対(に)
젊다[점따]	若い
점심〔点心〕	昼食, 昼ご飯
점차	次第に
젓가락[젇까-]	箸
정각〔正刻〕	ちょうど
정도	程度, くらい
정리(하)[-니]	整理
정말	本当(に)
정신	精神
정신력[--녁]	精神力
정하다〔定--〕	決める, 定める
제가	わたくしが
제일〔第一〕	一番, 最高
제주도	済州島, 済州道(地名)
조금	少し
조언(하)	助言
조카	甥, 姪
졸업(하)	卒業
좀	ちょっと
좁다[-따]	狭い
좋다[조타]	よい, よろしい
좋아하다[조---]	好む, 好きだ, 喜ぶ
죄송합니다만[--함---]	申し訳ありませんが
죄송하다	申し訳ない
주고받다[---따]〈ㄷ〉	やり取りをする
주다	やる, くれる, あげる
주로	主に
주말	週末
주무시다	お休みになる(자다の尊敬語)
주부	主婦
주사	注射
준비(하)	準備
중	中, 内, ～途中
중국	中国
중국요리[-궁뇨-]	中国料理
중급	中級
중요하다	重要だ, 大切だ
중학교[--꾜]	中学校
즐겁다[--따]〈ㅂ〉	楽しい
지각(하)	遅刻
지갑	財布
지구	地球
지금〔只今〕	今
지나다	過ぎる
지난번	前回, この間
지난주	先週
지난해	去年
지내다	過ごす
지다	負ける
지도①	地図
지도(하)②	指導
지짐이	チヂミ
지키다	守る
지하철	地下鉄
직업	職業
직장[-짱]	職場, 会社
직접[-쩝]	直接
진단	診断
진짜	本当(に), 本物
질문(하)	質問
집	家
집안일[지반닐]	家事
짓다[짇따]〈ㅅ〉	(ご飯を)炊く, 建てる
찌개	チゲ, なべ料理
-째	～目, ～間(ずっと)
-쯤	～頃, くらい

찍다[-따]	(写真を) 撮る, (はんこを) 押す

ㅊ

차	茶
차다	冷たい
찬물	冷たい水, 冷水, お冷
찬바람	冷たい風
참	あ, そうだ
창문〔窓門〕	窓
창밖	窓の外
찾다[찯따]	探す, (お金を) おろす, 見つかる
찾아가다	訪ねていく, 訪問する
찾아오다	訪ねてくる, 会いに来る
찾아보다	探してみる
책〔冊〕	本
책방[-빵]	本屋
책상[-쌍]	机, デスク
처음	最初, 初めて
천	千
천천히[-처니]	ゆっくり (と)
청소(하)	掃除
초급	初級
초등학생〔初等--〕	小学生
촬영(하)	撮影
최고	最高
추다(=춤을 추다)	踊る
축구[-꾸]〔蹴球〕	サッカー
축제[-쩨]〔祝祭〕	祭り
축하[추카]	祝賀
축하하다[추카--]	おめでとう
축하드리다[추카---]	(目上の人に) おめでとう
춤	踊り, ダンス
출발(하)	出発
출석[-썩]	出席
출신[-씬]	出身, ～生まれ
춥다[-따]〈ㅂ〉	寒い
취미	趣味
취직(하)	就職
-층〔層〕	～階
치다	(ピアノを) 弾く, (テニスを) する
친구〔親旧〕	友達, 友人
칠〔七〕	7

ㅋ

카메라	カメラ
카페	カフェ
커피	コーヒー
커피숍	コーヒーショップ
케이크	ケーキ
K(케이)팝	Kポップ
켜다	(明かり・電気製品を) つける
코트	コート
콘서트	コンサート
콜라	コーラ
콧물[콘-]	鼻水
크다〈으〉	大きい, 大きくなる, (背が) 高い
키	身長, 背丈
키우다	育てる
킬로	キロ

ㅌ

타다	乗る, (スキーを) する
태풍	台風
택배[-빼]	宅配
택시[-씨]	タクシー
테니스	テニス
테이블	テーブル
텔레비전	テレビ
토(요일)	土(曜日)
토플	トーフル (TOEFL)
통하다〔通--〕	通じる
퇴근(하)	退勤, 退社
특히[트키]	特に
틀리다	間違える, 違う
티셔츠	Tシャツ
티켓[-켇]	チケット
팀	チーム

ㅍ

파	ネギ
파란	青い (＋名詞)
파이팅	ファイト, 頑張れ
파전	ネギチヂミ
판다	パンダ
팔〔八〕	8
팔다	売る
팔리다	売れる
팝콘	ポップコーン
팩스[-쓰]	ファックス
페이스북	フェイスブック
페이지	ページ

펴다	(本を) 開く，広げる
편안하다〔便安--〕	無事だ，安らかだ
편의점[펴니-]〔便宜店〕	コンビニ
편지〔便紙〕	手紙
편하다[펴나-]〔便--〕	楽だ，便利だ
평판	評判
포기(하)	放棄，あきらめること
표〔票〕	切符，チケット
푹	ゆっくりと，ぐっすりと
풀다	解く
프로젝트	プロジェクト
피곤하다〔被困--〕	疲れている
피다	咲く
피아노	ピアノ
피우다	(タバコを) 吸う
필요하다	必要だ

ㅎ

하나/한	1つ，1人/1つの
하나도	全然，ひとつも
하는 수 없이[업씨]	仕方なく
하늘	空，天
하다	する，言う
하루	一日
하루 종일〔終日〕	一日中
하지만	しかし，でも
학과[-꽈]	学科
학교[-꾜]	学校
학기[-끼]	学期
학년[항-]	学年
학생[-쌩]	学生
학원	学院，塾，スクール
한 달	1カ月
한 시	1時
한국	韓国
한국 요리[-궁뇨리]	韓国料理
한국말[-궁-]	韓国語
한국어	韓国語
한국인	韓国人
한반도	韓半島
한번	(試しに) 一度
한자[-짜]	漢字
할머니	祖母，おばあさん
할아버지	祖父，おじいさん
함께	共に，一緒に
합격(하)[-껵]	合格
해서 그런지	～したからなのか
해외	海外
해외여행	海外旅行
행동	行動
행복하다〔幸福--〕	幸せだ
허리	腰
형	兄，お兄さん (←弟)
형제	兄弟
호텔	ホテル
혹시[-씨]	もしかして
혼자(서)	ひとり(で)
홈스테이	ホームステイ
홋카이도	北海道
홍차	紅茶
화	怒り，憤り
화나다	怒る，腹が立つ
화(요일)	火(曜日)
화장실〔化粧室〕	トイレ
확인(하)	確認
활기	活気
활동[-똥]	活動
황사	黄砂
회사	会社
회사원	会社員
회의(하)[-이]	会議
회화	会話
후	後
후배	後輩
휴가	休暇
휴대폰〔携帯＋phone〕	携帯電話
휴일	休日，休み
휴지〔休紙〕	ティッシュペーパー
흐르다〈르〉	流れる
흐리다	曇っている
흐림	曇り
흥미	興味
희다[히-]	白い
흰색[힌-]	白色
힘	力
힘들다	つらい，大変だ

著者紹介
金京子（김경자：キム キョンジャ）
同志社大学講師。韓国・ソウル生まれ。
梨花女子大学大学院韓国学科修士課程修了（韓国語教育専攻）。
著書：『絵で学ぶ韓国語文法 初級のおさらい、中級へのステップアップ［新版］』『絵で学ぶ中級韓国語文法』『絵で学ぶ上級への韓国語文法』『韓国語単語練習帳』『中級韓国語単語練習帳』（共著、白水社）、『韓国語似ている形容詞・副詞の使い分け』（共著、ベレ出版）、『昔話で学ぶ韓国語初級リーディング』（アルク）ほか。

読んでみよう韓国語 中級読解コース

2018年 3 月10日 第1刷発行
2024年 3 月30日 第3刷発行

著　者© 金　京　子
発行者　岩　堀　雅　己
組　版　株式会社アイ・ビーンズ
印刷所　株式会社三秀舎

発行所　101-0052 東京都千代田区神田小川町 3 の 24
電話 03-3291-7811（営業部），7821（編集部）
www.hakusuisha.co.jp
乱丁・落丁本は、送料小社負担にてお取り替えいたします。
株式会社 白水社

振替 00190-5-33228　株式会社島崎製本

ISBN978-4-560-01793-7

Printed in Japan